CARNETS DE ROUTE

D'UN CULTIVATEUR CHAMPENOIS

CARNETS DE ROUTE

D'UN

CULTIVATEUR CHAMPENOIS

PAR

M. CHARLES GIRAUT

INGÉNIEUR AGRICOLE

CHALONS-SUR-MARNE

IMPRIMERIE MARTIN FRÈRES, PLACE DE LA RÉPUBLIQUE, 50

—

1912

CARNETS DE ROUTE

D'UN

CULTIVATEUR CHAMPENOIS

———— × ————

Curieux de voir du pays et d'amasser une ample moisson de souvenirs utiles, agréables et impérissables, deux jeunes amis, Champenois tous deux, prirent rang un lundi d'avril parmi une caravane d'agriculteurs. L'itinéraire adopté par cette société semblait peu choisi pour des cultivateurs en herbe. Il ne s'agissait rien moins que de traverser la Suisse pour parcourir l'Italie et la Corse.

En effet, qu'aller voir en Italie qui puisse toucher de près ou de loin à l'agriculture ?

Nous avions bien souvenance d'une

Italie riche en chefs-d'œuvre, en monuments, en faits d'armes, en gloire artistique et littéraire. Mais les ruines des aqueducs, les murailles délabrées des villas nous semblaient un bien piètre sujet d'études agricoles. Quant à la Corse, elle se présentait à nous sous l'aspect d'un pays de sauvages, fruste, rudimentaire.

Nos idées furent considérablement bouleversées sur ces points et nous aurions eu grand tort de ne point faire le voyage.

L'Italie devait se revéler à nous sous un jour tout nouveau. Contrée de grandes et de petites cultures où l'exploitation la plus intensive et la plus scientifique voisine avec le métayage, le colonat, voire la pratique pastorale la plus primitive ; contrée aux végétations variées comme ses climats et ses sols ; pays de marécages conquis, pays de landes incultes et envahies par les miasmes.

De la Montagne au front glacé où le paysan suisse habille le rocher d'une herbe aussi savoureuse que verte, nous allons descendre dans les plaines plantureuses de la Lombardie. Nous traverserons les rizières, les *Marcites* et les champs de maïs pour gagner les vergers embaumés de Florence. Puis nous irons par les *Maremmes* empoisonnées, à travers les plantations d'eucalyptus. Nous visiterons Rome et ses Musées, ses immenses domaines où sévit la crise agraire. Puis nous gagnerons Naples endormie près des flots bleus.

Nous nous confierons aux flots, non loin de Pise, la ville morte, et de Bastia à Ajaccio nous respirerons le parfum du maquis que rongent pour la prospérité de la Corse, le pâturage réglementé et le plantureux vignoble.

'A Marseille, nous retrouverons l'activité industrielle, fiévreuse malgré les grèves, activité qui transforme et distribue les produits que nous aurons vu créer.

A contempler tant de choses nouvelles, nous avons oublié de noter tout au long nos impressions. Nos notes paraîtront bien simples, mais nous les livrons au lecteur sans prétention.

« L'aisance et l'indigence dépendent « de l'opinion d'un chacun », a écrit Montaigne, qui avait beaucoup de goût pour les voyages et y voyait le moyen « d'apprendre toujours quelque chose « par la communication d'autrui. »

Mais on ne nous fera pas ce reproche du même auteur : « C'est une fâcheuse

« suffisance qu'une suffisance purement
« livresque » ;   nous n'avons   voulu
écrire que des Carnets de route, rien de
plus.

Ch. G.

I. A.

—§—

DE FRANCE EN SUISSE

Donc, un lundi soir d'un avril froid et neigeux, la petite caravane de 29 personnes se formait à Paris, à la gare de l'Est. Sous la direction d'un représentant d'une Compagnie de Voyages, que l'on baptisa de suite du nom de Barnum, nous prîmes place dans un wagon réservé du rapide de Milan, qui part à 8 heures 35 du soir. Les bagages étaient des plus réduits et portés à main. Chacun s'installe, le trajet devant être long, et s'ingénie à trouver une position commode pour dormir. Les filets reçoivent des dormeurs dont le sommeil fut interrompu par une chute intempestive, saluée par les quolibets des amis.

Le signal de départ est donné. Nous quittons Paris.

Rapidement, comme il convient pour un rapide, le convoi traverse *la Brie*, contrée de riches cultures, pays de jolis châteaux et de chasses princières.

A *Troyes*, nous sommes en pleine

Champagne, dans une ville jadis célèbre par ses foires, illustrée par ses imprimeries, intéressante pour l'industriel à cause de ses usines de tissage et de bonneterie, curieuse pour l'artiste à cause de ses vieilles maisons de bois.

Voici déjà *Chaumont*, « la ville noire » de l'Est, avec ses usines et ses hauts-fourneaux ; cette nuit elle a revêtu une blanche parure de neige. Le froid très vif pénètre dans le wagon. Je ne peux pas dormir : je reste le nez à la vitre et essaie de distinguer quelques traits du paysage masqué par l'ombre de la nuit.

Vesoul, désolé par les guerres des 15e et 16e siècles, paraît plus triste que jamais. *Lure*, perdue entre les collines, au milieu des marais, à l'entrée de la forêt vosgienne, est blottie sous un épais manteau de neige.

Les flocons tombent plus drus quand nous atteignons *Belfort*. Un camarade, G..., un méridional pur, déclare qu'il meurt de faim et réclame avec un accent des plus pittoresques, une cuisse de poulet et une bouteille de bon vin. Il déclare n'avoir jamais senti la bise souffler avec autant d'âpreté.

Nous jetons un regard à la vague silhouette de la citadelle qui s'estompe sur la droite. On ne peut pas passer à

Belfort sans se souvenir de la résistance acharnée que la ville opposa aux Allemands dans la guerre de 1870.

A *Delle*, le jour commence à poindre. Le paysage nous offre une succession charmante de vallons et de collines couronnées de grands sapins dont les branches sont chargées de neige. Au bord des cours d'eau, parmi d'énormes rochers rouges, de petites scieries font briller leurs ampoules électriques dont les feux scintillent sur les cristaux de neige. Dans chaque gare, d'énormes amas de troncs d'arbres ou de planches attendent leur expédition. Car la région est, de par la nature du sol, vouée à l'exploitation forestière ou à la pratique herbagère. L'irrigation y est employée sur une large échelle.

Nous approchons de *Bâle*. La voie ferrée serpente dans les vallées, s'accroche aux pentes des montagnes, franchit des viaducs et s'enfonce sous les rochers de grès rouge à qui la pluie et la neige ont donné des formes fantastiques.

Bâle. La neige a retardé notre convoi. Au moment où nous entrons en gare le train qui doit entraîner à sa suite notre wagon est parti. Nous devons attendre un autre convoi. Nous descendons sur le quai et allons nous réconforter l'estomac avec des sandwich que Barnum a réquisitionnés. Nous avons à peine fini de nous restaurer que le rapide arrivant d'Allemagne nous emporte vers Lucerne.

J'aurais revu avec plaisir Bâle, la ville la plus riche de la Suisse, qui tient tant de place dans l'histoire des nations et dans l'histoire de l'Eglise. Ses rues tortueuses, ses vieilles maisons sculptées, les façades à fresques, les vues sur le Rhin, les promenades si paisibles.font la joie des artistes. La Cathédrale, au toit de tuiles émaillées et aux riches stalles, possède un cloître fort curieux.

Mais ce cachet d'antiquité paraît bien froid ; la ville n'est pas bruyante pas même mélancolique. Le protestantisme qui a dégradé ses monuments a revêtu le site, ses terrasses, ses jardins, d'un voile de tristesse. La rue des Cendres, le vieux cimetière qui sert de jardin public à l'entrée de ce centre industriel, incarnent la poésie monotone et pénétrante quand même, langoureuse parfois du site moyenâgeux.

A Bâle, les gens sont moroses et vivent retirés. On, s'y sent dans un autre monde sans coudées franches, loin du monde latin.

Le ruban d'argent du Rhin qui arrose la plaine verte fait contraste par son vif éclat avec l'austérité du milieu.

Par *Lœsstal* nous gagnons *Aarburg*, puis *Wowyl*. A un pays de plaine, où l'on cultive les céréales, succède une région de marais tourbeux peuplés de cigognes. La tourbe est exploitée en grand pour le chauffage des usines et des verreries. Aussi la lande est parsemée de petites excavations rectangulaires, peu profondes, près desquelles s'élèvent de petits séchoirs en bois. La rivière la Suhr, draine l'eau de ces marais.

L'agriculture suisse possède des caractères bien particuliers. Partout de petites exploitations avec une production intensive ; il y a prédominance des cultures fourragères et les recettes proviennent du lait (fromage ou beurre). Il ressort de l'enquête faite par le Secrétariat et l'Union Suisse des Paysans, sur la rentabilité de la culture en Suisse, que le capital foncier et le capital fermier sont trop élevés pour de petites exploitations qui ne peuvent pas rémunérer un aussi gros capital et dont le but est de faire vivre le paysan. Les grandes exploitations tirent leurs ressources du bétail ; les petits domaines, de la viticulture et des fruits. La manie des constructions (expliquée par la rudesse du climat), absorbe les 2/3 du capital. Les terres augmentent de prix dans la petite propriété, à l'inverse de ce qui se passe en Champagne. Une exploitation moyenne contient 13 hectares dont 65 % en pâturages. Les frais d'exploitation sont de 410 francs à l'hectare. L'impôt a baissé grâce à l'entente des cultivateurs. — Que ne les imitons-nous ?

La propriété n'a pas subi la baisse de 30 % qui a atteint les terres en Europe. Mais la dette hypothécaire est énorme (avec intérêt de 4.22 en moyenne). Le rendement net à l'hectare est de 200 fr. et le revenu total d'une moyenne maison de culture est de 3.600 francs, plus l'argent apporté par les travaux d'hiver. La Suisse est le pays des Caisses d'Epargne, et c'est la culture qui leur fournit les fonds. Malheureusement pour elle, la culture suisse est engagée avec l'Allemagne dans une lutte de douanes. La meunerie suisse peut succomber et entraîner avec elle l'agriculture. Aussi, l'Union des Paysans, réclame le monopole du blé par l'Etat qui paierait 25 francs le quintal.

A partir de *Sursee*, nous longeons le *Lac de Sempach*, belle nappe d'eau où s'ébattent des bandes de canards sauvages et à qui il manque le cadre majestueux de la haute montagne pour en faire « un site romantique ».

Encore quelques tours de roue et nous entrons dans la gare de *Lucerne*.

Nous utilisons le temps qui s'écoule jusqu'à l'heure du déjeuner à errer par la ville.

Lucerne, un vieux bourg féodal, hérissé de remparts et de bastions, ville belliqueuse où les clochers avoisinent les tourelles à machicoulis, au bord d'un lac d'azur que dominent des maisons à pignon et à galeries de bois, forme un tableau charmant de cité antique.

Malheureusement il neige et l'on patauge dans la boue. Le Pilate a caché ses créneaux pittoresques derrière les nuées, Le *Righi* a revêtu sa parure hivernale. Un rayon de soleil, bien rapide dans son apparition, permet de prendre quelques clichés des curieux ponts de bois, de l'enceinte du *Musseg* et des enseignes en fer forgé qui se balancent aux façades peintes des antiques logis. Un tour au cloître de l'*Eglise Saint-Léger* et une promenade sur les quais où l'on fait la toilette des riches hôtels qui reçoivent la clientèle cosmopolite et fortunée, nous rentrons à la gare et nous nous empressons de dévorer un déjeuner un peu trop sommaire pour des estomacs de 23 ans.

Nous sortons prendre le café dans le quartier neuf, près de la Gare et du magnifique Hôtel des Postes. Puis, à deux heures et quart nous nous embarquons sur le « *Vinkelried* », qui doit nous transporter à *Fluelen*, à l'extrémité du *Lac des IV Cantons*, au pied du *Saint-Gothard*. Par cette journée sans soleil, le lac n'offre point ces jeux d'ombre et de lumière, ces variations de nuance qui en font la beauté. Les paysages ne s'y reflètent point gracieusement. Cependant nous restons sur le pont. Peu de monde à bord : quelques bonnes sœurs qui s'isolent ; des paysans qui s'en reviennent du marché de Lucerne, un herr Doctor allemand et sa fille, d'humeur assez folâtre pour une pudique fille de l'Empire.

On laisse *Küssnacht* au fond de son golfe poétique, Küssnacht dont « le nom « résonne comme un baiser ». (*Tissot*).

Sur la rive gauche, les collines verdoyantes, piquetées de vergers, forment contraste avec les murailles ravinées, pelées de la rive droite. La teinte de rouille des unes fait valoir la lumière des autres.

La neige tombe moins épaisse, mais encore assez drue pour nous cacher la vue des alpages verdoyants, des chalets de bois brunis par les autans. Nous saluons les jolis villages de *Weggis*, clocher rouge aux volets verts, *Vitznau*,

Gersau, Buochs, Beckenried, si souvent reproduits par les peintres. L'*Auberge de la Treib,* si curieuse sur ses pilotis a été détruite par un incendie. A *Brunnen,* nous jetons un regard sur les pics des *Deux Mythen* qui gardent l'entrée du *pays de Schwytz,* célèbre par sa race bovine qui envoie des représentants en Champagne. Nous entrons dans le *Lac d'Uri,* dont les gorges sauvages, les murailles à pic, les pâturages élevés rappellent les fjords norvégiens.

Nous saluons le *Rutli,* berceau de l'indépendance suisse et la Chapelle de Guillaume Tell, le courageux arbalétrier.

Voici *Fluelen,* à l'embouchure de la Reuss, au point de jonction de la route du Gothard, dont les arcades nous surplombaient tout à l'heure, et de la voie ferrée qui fut un des premiers triomphes des ingénieurs de notre siècle. Nous quittons le *Vinkelried* et nous sautons dans le train qui va nous conduire en Italie par-delà les glaciers. C'est une véritable ascension qui commence, dans une contrée tout autre que celle que nous avions parcourue entre Bâle et Lucerne.

Ici, le sol est accidenté, bouleversé. Aussi la propriété y est indivise. Les pâturages y sont presque tous des « allmend ». des biens communaux ou appartiennent à l'Etat ou au canton. Aussi il n'existe point de cultures. De même les forêts, les feuillards sont communs, Dans la haute montagne. on trouvera le four banal, le moulin banal.Le pain y est cuit et fabriqué en commun. une a deux fois par an, vu la rareté du combustible, car il est défendu de toucher aux arbres qui protègent contre les avalanches.

Le bétail, remisé l'hiver dans le rez-de-chaussée, procure une douce chaleur qui par un plancher à claire-voie, pénètre dans les étages supérieurs. Dans les greniers, sont entassés les fagots de brindilles de charme et de hêtre. qui nourriront les chèvres et les vaches. Ici, on vit de peu, mais on vit libre et content.

Nous remontons la *Vallée de la Reuss* qui descend en gros bouillons des frontières du glacier du Rhône.

A *Altorf.* patrie de Guillaume Tell, nous changeons de locomotive, car la voie est à crémaillère. Déjà l'*Urirostoch* nous fait voir ses glaciers et ses abîmes profonds.

Le rail monte en lacets vers les pics glacés. Dans certaines vallées très chaudes, la neige a disparu, les vergers y sont en fleurs. Plus loin, la couche de flocons atteint l'épaisseur de cinquante centimètres.

Amsteg, joli village à l'entrée de la célèbre *Vallée de Maderan*, est franchi sur un pont de fer léger mais solide. A *Wassen*, nous avons franchi deux tunnels hélicoïdaux dont nous nous sommes amusés à chercher l'entrée et la sortie au flanc de l'escarpement qui porte l'église. Un temps d'arrêt à *Gaeschenen*. Nous envoyons des cartes postales avant de nous laisser engloutir sous le grand tunnel de 14 kilomètres. Nous comptons les lanternes numérotées qui indiquent les kilomètres, puis, tout à coup, le sifflet retentit. Nous sommes à *Airolo*.

Cri d'admiration général. On se précipite aux portières. Un beau soleil fait scintiller les cascatelles et luire les corniches de glace. La descente commence dans la vallée de *La Leventina*.

—§—

DE SUISSE EN ITALIE

Il semble que l'on vient de passer dans un autre monde et nous sommes encore en Suisse. Le rail a emprunté le lit du

Tessin, célèbre dans l'histoire romaine, qu'il quitte et retrouve tour à tour.

A *Dagio*, *Freggio*, *Prato*, nous descendons de plusieurs centaines de mètres par des tunnéls hélicoïdaux.

Les mots allemands Gasthaus, Banhof, etc., ont fait place aux mots Albergo, Stazione, Partenza.

L'air est plus pur, plus chaud, la végétation luxuriante malgré la roche. A Faido, apparaissent les premiers châtaigniers. A *Lavorgno*, nous voyons les mûriers et la vigne dressée sur des berceaux cubiques. A deux mètres du sol, l'arbre de Bacchus étale les vigoureux sarments qui donnent un raisin productif et parfumé. Puis voici encore le désert ; les pierres, les éboulis arides. Et nous entrons dans la riche *Vallée de Biasca*, où mûrit le figuier. Les Alpes du Tessin nous dominent de leurs longues et abruptes murailles que bordent, au pied, les tapis verdoyants des alpages.

Nous arrivons à *Bellinzona* où se fait la distribution des mets du dîner. La nuit est venue, nous enlevant tout espoir de voir les lacs italo-suisses, et Lugano endormi dans un paysage de rêve.

A *Bellinzona*, se fait un grand commerce de vins, riz et fromages. La ville garde les routes du nord vers la Suisse et l'Allemagne.

A *Cadenazza*, nous quittons le Tessin qui va se jeter dans le lac Majeur. A *Chiasso*, nous sommes réveillés pour subir la visite de la douane italienne. Pendant un instant, c'est dans les wagons un tohubohu indescriptible. Chacun dormait à poings fermés. Mais la mine superbe, la trogne rubiconde, l'immense bonnet à poil ou le gigantesque casque à cimier des gendarmes italiens, nous arrachent des éclats de rire. Une gratification est remise à qui de droit avec accompagnement du mot cabalistique de « societate ». Ceci équivaut à la visite et évite l'ouverture des valises. La douane italienne n'est pas exigeante... pour l'Etat. Nous reprenons nos places en wagon sous les murmures flatteurs de ces dignes fonctionnaires. Nous croisons des bersaglieri dont la coiffure est ornée d'une plume destinée sans doute à hausser la taille de ceux qui la porte, si on établit le rapport de l'individu au couvre-chef.

Le sommeil vient à nouveau clore nos paupières. Mais nous gagnons rapidement Côme, puis Milan, au milieu des plaines de la Lombardie, contrée populeuse et d'une très grande fertilité. Il est 11 heures du soir.

MILAN

Non sans peine, courbaturés, nous nous hissons dans les omnibus qui nous transportent à l'Hôtel Victoria. Le cocher est-il ivre ou fatigué ? Les chevaux sont-ils fourbus ? Toujours est-il que le trajet paraît long et je ressens encore les cahots causés par les galets qui forment l'empierrement des rues. Après avoir désespéré vingt minutes, nous entrons dans nos chambres où nous nous enfouissons voluptueusement dans d'immenses lits antiques à baldaquins, à consoles et à rideaux jaunes ou rouges.

M. G... fait exception, et, de peur de manquer la visite de la ville, il fait un brin de toilette et court déambuler au clair de lune. Il paraît que ses amis et lui virent de fort belles choses, l'enthousiasme méridional y aidant.   —

Nous dormons à poings fermés quand les cloches du Dôme, convoquant les fidèles aux messes matinales, nous arrachent de notre couche. Une belle journée se prépare, favorisée par un temps superbe, dans un pays curieux par ses cultures.

Ne l'oublions pas, l'Italie, si diverse

par ses terrains, l'est aussi par ses pratiques culturales, sur une surface moitié plus petite que celle de la France. Et cependant, ses 31 millions d'habitants ne peuvent vivre chez elle. Les Lucquois vont en Corse, les Piémontais en France et en République Argentine, les Napolitains et les Génois, en Tunisie.

Caractère, mœurs, genre de vie, production, distribution des richesses, tout, en Italie, est fonction du sol et du climat.

Du golfe de Gènes au lac Majeur, un massif de schistes, puis les Alpes calcaires, limitent la plaine alluvionnaire du Pô. Plus bas, l'Apennin dresse ses masses jurassiques et calcaires, riches en marbres. Plus loin, trois régions volcaniques (la campagne romaine, sicilienne et napolitaine).

La plaine Lombarde, où nous devons excursionner ce matin, est constituée par les apports du Pô et de ses affluents. Elle est formée de roches et de limons arrachés à la montagne. Immense, cette plaine mesure 468 kilomètres de longueur sur 1.800 de largeur. On y cultive surtout le maïs, le riz et les prairies irriguées et fumées dites « marcites ».

Nous déjeunons rapidement et, malgré la chaleur, nous nous enfermons dans des voitures bien closes pour gagner la campagne. La caravane est formée, fouette cocher.

Les rues étroites de Milan sont très animées ce matin. Nous rencontrons d'agiles ouvrières qui se hâtent vers l'usine ou l'atelier en faisant sonner sur le pavé leurs socques garnies de cuivre. Milan, qui est un grand centre de commerce et d'industrie, est éclairé à l'électricité. Devant de riches magasins, le tram électrique passe bondé de voyageurs. Au coin des rues, tortueuses et étroites, les marchands débitent sur un large plateau les tranches d'une immense galette de maïs à pâte brune. Et, comme nos midinettes, les Milanaises, aux costumes voyants, à la tête coiffée d'un carreau de dentelle, croquent à belles dents la pâtisserie dont elles se montrent très friandes.

Comme la fraîcheur du matin n'a pas encore fait place à la chaleur accablante de midi, les habitants ont ouvert leurs portes. Pour se préserver des regards indiscrets, ils ont tiré le rideau rouge que chaque porte d'entrée possède.

Nous traversons la place du Dôme qui, malgré ses sculptures, ne produit pas sur moi l'impression rêvée. La façade me paraît terne et trop fouillée. Je préfère nos cathédrales gothiques, si sveltes et si lumineuses.

Nous sortons de Milan et la voiture
roule à travers la campagne. Grand Dieu.
quelle poussière. Les chevaux y enfon-
cent jusqu'au-dessus des sabots. Les
cochers sont obligés de distancer les
équipages de 200 à 300 mètres. Mais la
poussière pénètre jusqu'à nous. Nous
sommes recouverts d'un masque gris
bien désagréable. Par la pluie, les routes
sont de vrais marécages coupés de fon-
drières. Le long de la chaussée court une
voie ferrée sur laquelle circulent des
wagons chargés de produits agricoles.
En ce moment, on charge des fourrages
verts dont la teinte tranche crûment sur
le ruban gris des chemins. Cette provision est conduite chez les fermiers qui
produisent le lait utilisé en ville.

Dans la plaine Milanaise. en Lombardie comme en Vénétie, existe le fermage.
à l'instar du Soissonnais. Le sol y est
riche. et, le propriétaire bourgeois, vit
en ville.

Dans le Piémont et dans les Alpes,
c'est la petite propriété qui domine : le
sol y est ingrat. Aussi, comme en Creuse
ou dans le Cantal ou dans notre Savoie,
le paysan émigre.

Dans la Toscane, les Marches et l'Om-
brie. le sol est assez fertile.Il y a association du fermier et du propriétaire par

métayage, comme dans les Landes ou la Vendée.

Aux environs de Rome, nous trouverons la grande propriété gérée par intendants, comme en Hongrie. Mais, en Lombardie, nous aurons l'occasion de le voir, nous rencontrons deux modes bien tranchés d'exploitation :

1° Dans le Nord, en haute plaine, sur les collines de la *Brianza*, un système de métayage où l'on cultive la vigne et le mûrier. La fécondité du sol y dépend du travail de l'homme plus que de la nature des particules géologiques. Les exploitations ont une surface de 40 à 50 hectares. La population est dense, la culture intensive. L'assolement biennal comprend le blé et le maïs. La luzerne binée et arrosée y vit 10 ans. Le blé rend 15 qtx, le maïs 22 qtx 50 à l'hectare. Le propriétaire fait le vin, le vend et donne une part au colon. Celui-ci cueille les feuilles du mûrier et reçoit moitié du prix de vente. Si l'exploitation possède une magnanerie, le propriétaire achète la graine de vers (une once de 27 grammes coûte 12 francs, donne 50 à 60 kilogs de cocons vendus à 13 francs le kilog). Il faut 1.000 kilogs de feuilles pour élever les vers d'une once de graine.

Les cocons sont vendus en juillet aux usines de Milan.

2° Dans le Sud, la *Bassa* plaine basse, irriguée, divisée en damiers par les rizières, pays de fermage et d'exploitation laitière. Jadis, la production laitière y était intensive. On fabriquait de gros fromages de 40 kilogs, à raison d'un fromage par 50 à 70 vaches (donnant en moyenne 450 à 600 litres de lait). Ce fromage nommé le « *grano lodigiano* », disparaît devant les céréales.

Les fermes ont une surface de 50 à 120 hectares.

Le riz occupe 1/5, le blé 1/5, le maïs 1/5, les prairies 2/5 du terrain. Les baux y sont de 9 ans. Le prix de location est de 150 à 190 francs par hectare plus les impôts communaux. Le personnel y reçoit son salaire en nature pour une part notable. Le maïs est utilisé à la maison.

La campagne Milanaise a un aspect tout particulier dû à la pratique de l'irrigation pour l'exploitation des *marcites*.

Le sol est divisé en grands damiers par des canaux recoupés, par des rigoles et des levées de terre. Les canaux amènent soit de l'eau des égouts de Milan, soit l'eau douce des *fontanelli*. Car, ici, la goutte d'eau, c'set plus que de l'or, plus que le fumier pour les terres de Champagne. C'est la vie, la prospérité de tout une contrée. Le long des rigoles,

on a planté des peupliers, taillés en
têtards, car le bétail consomme les branches, des mûriers ou de la vigne. La
vigne, taillée à long bois, est dressée
contre des ormeaux. Les saules sont
aussi coupés en têtards.

Les champs de maïs alternent avec les
marcites. Tout présente les signes d'une
végétation exubérante.

Sur les canaux plus larges, des mou-
lins mus par une grande roue à aubes
métalliques font entendre le roulement
de leurs organes.

Nous touchons au but de notre visite,
la ferme d'Occhio, que nous allons parcourir et examiner en détail. Nous sautons hors de la voiture sous une chaleur accablante.Pas plus que la poussière
l'air embrasé de la fournaise ne gêne les
cantonniers milanais. La tête enfouie
sous leur chapeau de feutre rond, ils
dorment à poings fermés au beau milieu de la route, sous leurs brouettes.

—§—

Les Marcites d'Occhio

Avec une grande amabilité, le propriétaire, le comte Simonnetta qui parle très
facilement le français, nous pilote sur sa
ferme. Il s'est adjoint un professeur d'a-

griculture qui s'exprime moins correctement.

La production du fourrage vert est à la base de l'exploitation de la ferme d'Occhio. Avec l'herbe récoltée sur les marcites et sur les prairies temporaires, le comte nourrit des vaches dont le lait est vendu, chaque matin, à la ville. Si nous étions à Paris, on dirait de lui que c'est un nourrisseur.

L'ensemble des cultures comprend des marcites (4/10), des praiires temporaires et des cultures annuelles.

Les marcites sont des prairies en serre chaude, bien que le ciel leur serve de vitrage. Elles ont été inventées au 12ᵉ siècle par les moines cisterciens de l'abbaye de Chiaravalle, près Milan. Plus près de nous, les Vosgiens emploient la même méthode pour « faire pousser de l'herbe sur des cailloux ». La terre a été remaniée, travaillée en ados. L'eau circule dans un canal d'amenée à la partie supérieure et dans deux colatures à droite et à gauche. L'eau est reprise et sert à deux arrosages. Alors elle est dite dégraissée, elle a perdu les nitrates, les sels et l'oxygène utiles aux plantes. L'irrigation est d'autant meilleure que l'eau est moins froide et moins dégraissée, par conséquent qu'elle a moins circulé.

A Occhio, le propriétaire dispose des eaux d'égout de Milan et des eaux chaudes du sol. L'eau d'égout est amenée par de grands canaux larges de 6 à 8 mètres, profonds de 2 m. 50 à 3 mètres. L'eau de source est achetée à des propriétaires ou à des sociétés ou est puisée sur le fonds, selon les lieux. On répand 1 litre d'eau par seconde par hectare et par nuit. Le litre d'eau à la seconde se loue l'été 30 à 35 francs. Il faut en moyenne 0 litre 80 à 1 litre 20 par seconde pour bien irriguer 1 hectare.

L'eau est maintenue dans les rigoles par des vannes en bois mobiles, entre deux piliers de pierre. Une rainure sert de glissière aux planches qui réglent la hauteur d'eau.

Les marcites donnent, à Occhio, 8 à 10 coupes de fourrage par an. Cependant le sol est peu fertile, car il se compose d'une couche silico-argileuse reposant sur des galets. C'est l'eau qui donne à la marcite sa fertilité. De plus l'hiver, en secondant la végétation, elle atténue les mauvais effets des perturbations atmosphériques. C'est un écran protecteur contre l'évaporation intensive et contre la gelée.

Trois plantes entrent dans la composition de la marcite : le *Colium Italicum* ou *ray-grass* d'Italie ; le *Poa Trivialis* ou *paturin* des prés ; le *trifolium album*, le trèfle blanc de nos pelouses. Mais, sous l'inuuence des eaux et des engrais, la végétation déborde de sève. Les renoncules et les pissenlits sont volumineux; leurs feuilles sont plus larges, plus vertes. Le larmier pourpre atteint des dimensions extraordinaires.

Les coupes d'hiver sont données en vert au bétail. Celles d'été sont converties en foin, pressé pour occuper moins de place. A Occhio, la 1re coupe a été récoltée en décenbre, la 3e au début d'avril. Nous voyons faucher la 4e. .

Les marcites sont ainsi fumées : on répand 600 kilogs de scories de déphosphoration plus 300 quintaux d'un compost à l'hectare.Le compost est formé des curures des fossés, des herbes folles, des boues des routes, des racines de maïs, le tout arrosé de purin et d'eau d'égout. Le transport du compost se fait avec un diable à quatre roues tiré par deux bœufs de la race Romagnole. Ce compost se charge à la bêche. Quelques fois on répand le purin avec un tonneau. L'opération de l'épandage des engrais se fait après l'irrigation d'hiver.

On récolte sur la marcite 70.000 kilogs de foin vert par an, soit 30.000 kilogs sec.

A cause des premiers frais d'installation, l'hectare de terre coûte 8 à 10.000 francs. Nous sommes loin des meilleures terres de Champagne !!!

Pour un domaine de 70 à 80 hectares, dit un auteur praticien, on estime ainsi les frais de premier établissement :

Création des marcites.	800 à 1.000 fr.
Aménagement des eaux	1.000 à 1.200 fr.
Bâtiments	600 à 1.000 fr.
Soit par hectare	2.400 à 3.200 fr.

Dans le Milanais, la nécessité des grands capitaux maintient la grande propriété. La part des capitaux d'exploitation est des 3/4 de la valeur vénale.

Auprès des marcites, le Comte nous fait voir des prairies temporaires formées de luzerne. Le sol est nitrifié énergiquement sous l'influence des eaux d'égout ; aussi les luzernes ont un feuillage véritablement extraordinaire.

A Occhio, les cultures de céréales subissent la rotation suivante :

1° Maïs jaune, irrigué, sur fumure riche en scories et compost.

2° Blé, non irrigué.

3° Trèfle blanc ou rampant (3 ans).

4° Lin d'hiver et d'été ; ou riz (sous l'eau).

5° Maïs.

Dans cette ferme. le blé rend de 15 à 20 quintaux. La paille est pressée et conservée pour le bétail.

Les racines de maïs sont portées au compost pour utiliser leur masse organique et hâter leur décomposition.

Après battage. le blé et le maïs sont mis à sécher sur une grande aire plate en ciment. Le lin rend 3 qtx 68 à l'hectare. Les chemins d'exploitation sont plantés de mûriers taillés en vue de la production des feuilles. Malheureusement les kermés dévorent les bourgeons.

Les bâtiments de la ferme sont de construction récente.

Les écuries sont propres. très propres, blanchies à la chaux, peut-être un peu étroites. Au-dessus des écuries dont le toit se prolonge en hangars. un grenier contient les réserves de fourrage. On y accède par des échelles en fer fixées dans la muraille, ce qui évite les pertes de temps et les accidents. Dans les murs des greniers, une série de trous réservés aux oiseaux utiles à l'agriculture.

L'étable contient 163 têtes, dont 70 laitières schwytz. Les taureaux, de race pure, sont importés directement. Le rendement moyen en lait, par bête, est de 3.060 litres par an, soit 11 litres par jour. L'hiver, on donne aux vaches du fourrage vert à satiété ; l'été, du foin sec et des buvées de tourteaux. Une vache vaut 500 francs à 3 ans. L'étable est propre et basse, un peu étroite. Les fenêtres ont le défaut de s'ouvrir à hauteur des animaux. Chaque fois qu'une bête rentre à l'étable, elle doit passer dans un bac plein d'eau crésylée.

La bouverie renferme des bœufs de race Romagnole ou de la race Ayrolaise de Brescia.

Le tas de fumier, arrosé très souvent, est recouvert d'un toit en tuiles plates. Dans les hangars un matériel complet, une batteuse à maïs donnant 85 quintaux en 5 heures.

Dans les étables et sur la façade de la villa, nous retrouvons la fresque qui représente la Madone et devant laquelle brûle une veilleuse.

La ferme d'Occhio exige 1.500 francs de capital d'exploitation par hectare. — L'hectare de terre ordinaire vaut 5.000 francs.

La promenade, très instructive, est terminée. Le Comte nous invite à entrer dans la villa pour nous rafraîchir. Personne ne refuse une invitation aussi cordiale, d'autant plus agréable que le

soleil et la poussière sont choses qui
altèrent. Nous nous approchons d'une
table fort chargée. Deux laquais nous
présentent des gâteaux du pays. du vin
de Marsala, de l'Asti et du café. Le tout
est délicieux.

M. D... remercie le Comte de son amabilité et le félicite chaleureusement des
résultats qu'il obtient sur son exploitation.

En nous dirigeant vers nos équipages,
nous visitons un dépôt d'étalons. Les
étalons de l'Etat font 3 mois de stage
dans la contrée. L'un (professor Herc-
kinger), est un métis âgé de 20 ans.
L'autre, Leigth, âgé de 5 ans, est un métis crémonnais-boulonnais.

Les porcheries d'Occhio sont instal-
lées, près de la route de Milan, d'une
façon très pratique. Les stalles. bien
aérées, ne renferment des habitants que
pendant la fabrication du parmesan.

Nous prenons congé de nôtre cicérone
et remontons en voiture. Le vent souffle
et fait pénétrer la poussière par toutes
les issues. Les chevaux prennent le pas.
Le retour dans Milan s'effectue au galop.

Milan, ville active, remuante, agis-
sante, capitale de l'élégance et du luxe

italien. comme Zurich en Suisse, est plus animée encore à cette heure de midi.

Corsages et jupes aux couleurs vives, mouchoirs de tête jaunes sales et rouges-sang, s'entrecroisent au cliquetis des socques. Aux fenêtres des maisons, selon la coutume des contrées méridionales, ou bien au-dessus des rues. d'une maison à l'autre, les habitants ont suspendu leurs effets qui se balancent au vent.

Une fois à l'hôtel, on se précipite vers les cabinets de toilette. Une ablution sérieuse. un vigoureux coup de brosse et on se précipite encore vers la salle à manger. L'air italien nous a creusé l'estomac. Omelette. bœuf coriace, macaroni sans fin, pommes de terre passables et figues sont dévorées en un clin d'œil. Par contre, le vin tourne au vinagire. On fait la grimace. Puis un tour en ville, vers le Dôme et les galeries. Derechef une rentrée à l'hôtel d'où l'omnibus nous entraîne vers la gare. Nous remarquons un chantier de paveurs. La chaleur a tué le courage de ces travailleurs. Moins délicats que les cantonniers d'Occhio, ils ronflent comme des toupies, à plat sur le pavé sans aucun abri.

Le convoi est en gare. Lui aussi, il

souffre de la chaleur, car, bien lente.
ment, en sommeillant, il nous bercera
jusqu'à Florence. 346 kilomètres en 10
heures !!!

— X —

De Milan à Florence

216 kilomètres séparent Milan de Bologne. Le paysage est uniforme, marcites, prairies temporaires, rizières. Justement, nous sommes à l'époque des se-
mailles du riz. Hommes et femmes entrent dans l'eau jusqu'au mollet et re-
muent le sol avec des houes. En certains endroits, des attelages de bœufs
blancs remplacent la main d'œuvre. Sur
chaque domaine les composts amenés à
pied d'œuvre comme les « magasins »
des vignes champenoises.

A *Guinaco*, les lilas sont en fleurs. On
bine le lin. Les routes sont aussi pou-
dreuses qu'à Milan. Nous franchissons
le Pô sur un pont en fer en forme de
cage. Le fleuve, à l'instar de la Loire,
coule sur un lit de galets entre de vastes
bancs de grève. On l'a endigué, pour
éviter les inondations.

Au loin, vers le Nord, les hauteurs
neigeuses des Alpes disparaissent, tandis

que vers le Sud grandit la silhouette des Apennins.

Nous passons en gare de *Plaisance.* La ville est ceinte de murailles et protégée par des forts. La plaine a le même aspect que la campagne milanaise. La vigne paraît cependant plus en faveur. Elle est cultivée de façons différentes. Souvent elle grimpe le long des ormeaux ou des platanes, des érables ou des mûriers. Quelquefois elle est fixée sur des cannes de Provence, sortes de roseaux du Midi.

Dans cette contrée, les échalas sont plantés de façon à former une pyramide renversée, le sommet à terre. La vigne est taillée à un mètre du sol et l'on compte deux à trois ceps par groupe d'échalas.

A *Burgos an Domino,* une église d'un cachet spécial dresse ses murailles en briques rouges tout près de la gare. Le cloître est assez joli, mais il lui manque la patine du temps.

Nous franchissons trois rivières qui, à l'époque des crues, doivent être transformées en torrents impétueux. Le mince filet d'eau qui serpente aujourd'hui sur les galets nous fait penser à la Marne, près de Châlons.

Aux environs des villages, des petites

meules de foin, de 600 à 800 bottes, nous présentent un mode d'édification bizarre. Une perche, un poteau ou un arbre mort sert d'axe fixe. La marchandise est entassée en vrac tout autour. La masse comprimée est découpée au couteau en tranches verticales et horizontales au fur et à mesure des besoins. De la sorte, la meule devient un escalier en colimaçon. Cette disposition n'a pas d'inconvénient quand il **ne pleut pas.**

Les mûriers sont taillés à quatre grosses branches charpentières sur lesquelles on laisse deux ou quatre rejets que l'on coupe après la récolte des feuilles. L'arbre, ainsi étalé, offre une plus grande surface aux rayons solaires. La vigne enlace de ses pampres vigoureux les arbres fruitiers qui bordent les rigoles.

Laborieux, économe, d'une grande frugalité, le paysan piémontais ou italien, consomme très peu de viande qu'il garde pour les jours de fête. Il vit de fruits, de maïs, de chataignes, de laitage et de légumes. De là, son amour des travaux rustiques, de là, le soin apporté aux cultures.

Nous passons en gare de *Parme*, dont nous apercevons les deux églises de style bizarre.

Après *Reggio*, comme avant Parme, la plaine a la même monotonie. Le vert domine partout. L'olivier n'apparaît pas encore car il craint les gelées. La culture mixte, étagée, est toujours la règle. La vigne, dressée en cordons sur un ou deux étages et à deux ou trois sarments, s'étale au-dessus des céréales et des prairies. Le paysan produit un peu de tout.

A partir de *Modène*, la taille des arbres se fait en Y, à grands bras. La betterave fourragère fait de furtives apparitions sous la forme de quelques champs étroits et rares. La culture en billons ou en ados laisse la place aux longues planches peu larges, bordées d'arbres auxquels se marie la vigne.

Le bon T... qui, dit-il, voyage exclusivement pour s'instruire, a pris pour principe de dormir le jour et de gesticuler la nuit. Comme il ronfle avec trop de sonorité, nous l'éveillons à son grand mécontentement.

A *Bologne*, quelques minutes d'arrêt. Nous n'avons point le temps de visiter les rues bordées de portiques et les deux célèbres tours, Asinelli et Garisenda qui, côte à côte, ont une inclinaison opposée. Au reste devons-nous changer de train ? Le chef de gare l'ignore. Le sous-

chef sait qu'il existe des trains allant à
Rome ou conduisant à Milan. Mais il
n'a pas connaissance de l'heure ni du
quai !!!! On en rit à pleine gorge. Il est
vrai que nous sommes au pays de Poli-
chinelle, au pays du grotesque.

Barnum court au buffet et revient
suivi du garçon qui promène le dîner
de wagon en wagon et de quai en quai.
Bref, on découvre un quai, un train et
une heure de départ pour la direction de
Florence. Nous nous installons et dînons
de fort bon appétit tandis que le train se
hâte lentement vers la ville des Fleurs.

Nous quittons la Romagne pour traverser l'Apennin et descendre en Toscane.
La flore change à vue d'œil : du côté de
l'Adriatique, le mûrier et l'orme dominent ; sur l'Apennin, croissent les mas-
sifs arborescents ; dans les coteaux de
Florence, l'olivier, le laurier-rose, le pin-
parasol, le cactus et l'aloès rigide émail-
lent le terrain.

Avant que de sommeiller, nous jetons
un regard fatigué sur la campagne
bolonaise qui produit un chanvre très
réputé pour la blancheur, la finesse et la
longueur de ses tiges (4 à 5 mètres).

—x—

FLORENCE

10 heures ½ du soir.— « Firenze », crie l'employé de la gare. Remue-ménage dans le wagon. Avalanche de portefaix aux portières : « Facchini, signori ».Ces gens sont des importuns inlassables et fatigants. Nous les bousculons et leur disputons nos bagages. Mais c'est pour tomber dans les mains des marchands de mosaïques et de cartes-postales. Vite, sautons dans l'omnibus. Nous recevons notre billet d'hôtel, nous prenons possession des chambres et redescendons nous rafraîchir avec de la bière bien fraîche, car le piment n'avait pas été oublié par le tenancier de l'albergo de Bologne.

Je rejoins J.., blotti dans les draps d'un somptueux lit à baldaquin. La nuit fut bien courte, mais bien employée par la caravane. On dormit avec l'engourdissement du loir.

—X—

Excursion à Ponte-à-Grève

Décidément, le réveil est souvent matinal. — C'est fort dommage, les lits sont de si doux amis. Ce jeudi matin, on se lève à 6 heures pour partir à 7 h. 50. Mobilisation savante car il arrive à chaque instant des retardataires arrachés au mol oreiller par l'impitoyable Barnum. Comme à la plaine Lombarde, nous allons rendre visite à la plaine Toscane. Ici, les vignes et les arbres fruitiers dominent, en mélange avec les céréales. Mais les cépages sont sans sélection et la crise phylloxérique se fait sentir avec vigueur. Les arbres sont de qualité médiocre et l'on ne trouve pas de pépinières où se fournir de bonnes espèces.

Nous traversons la ville à pied, par des rues étroites, sous les maisons qui surplombent. — Nous franchissons le fleuve chéri des poètes, l'Arno dont la crue subite cause des ravages terribles en dépit des quais qui l'endiguent.

En attendant le passage du tramway à vapeur qui nous conduira à travers la campagne, nous étudions la vie de la rue. Voici des attelages florentins. Les chevaux mangent, tout en marchant, le foin entassé dans un sac pendu à leur encolure ou bien broutent à la botte attachée par un crochet à l'extrémité des brancards. Sur la tête du coursier, 1, 2 ou 3 plumes de coqs et de faisans, les plus longues possibles, se balancent d'un air pittoresque et altier. Ajoutez un carillon de clochettes et de grelots. Cela sent son italien à plein nez. Les voitures d'un type spécial, ont le fond composé d'un filet tendu dans un cadre et reposant sur l'essieu sans aucun ressort. La caisse est peinte, ou plutôt bariolée en jaune, vert ou rouge. Souvent, le véhicule est tiré par trois mulets placés de front par ordre de taille.

Le cocher ou le conducteur gesticule tout autour en se donnant du ton. C'est à qui fera le maximum de bruit pour attirer l'attention.

Le tramway nous emporte en passant. Déjà nous voici parmi les coteaux fleuris qui composent les environs de Florence. Comme dans le Midi de la France, la culture se pratique en terrasses. La vigne, les arbres fruitiers, le figuier, l'olivier, sont l'objet des soins des métayers. Le climat est très propice aux cultures légumières comme dans notre Provence. Mais peu de paysans sont propriétaires. Nous ne rencontrons que des métayers dont l'avoir est très réduit : une closerie d'une trentaine d'arpents, une maisonnette carrée à toit de tuiles, sans pavage ; un colombier, une étable étroite et un petit cellier avec un pressoir rudimentaire. un manège à noria pour tirer de l'eau. voilà le « podere » du toscan.

On emploie beaucoup les ouvriers à louage. Mais chaque fragment du sol est nivelé, drainé. irrigué. planté à la main. En cas de chômage. les ouvriers s'enrôlent par escouades. sous la conduite d'un chef. *il caporale*. Ils vont au loin chercher du travail. Les femmes restent et fabriquent des ouvrages en paille tressée. Depuis quelque temps. il se crée des sociétés d'ouvriers qui achètent ou louent le sol et le cultivent en commun. Tantôt l'association exploite directement, tantôt elle répartit les terres entre les ouvriers et leur prête les outils et les animaux par roulement.

A *Pont-à-Grève*. village miséreux où les enfants nous harcèlent pour avoir quelques pièces de monnaie, M. Passerini, directeur de l'Ecole d'Agriculture de Scandici et propriétaire du domaine, vient au-devant de nous avec le sous-directeur. Les présentations sont vite faites car ce grand savant et ce patriote italien. si désintéressé. est un homme des plus simples et des plus affables. De suite, on commence la visite du domaine.

La propriété est divisée en vingt métairies ayant chacune un cheval ou un mulet, 3 à 4 têtes de bétail et un podere complet. Dans toutes, on pratique la culture maraîchère, car. la ville de Florence. avec sa riche clientèle, offre un très bon débouché.

Si les planches de légumes sont bien tenues. les chemins sont détestables. Pourtant la pierre abonde et la main-d'œuvre est facile à se procurer. Le métayer est très pauvre en argent, pauvre en vêtements, pauvre en meubles et en outils. Cette impression est générale et nous frappe douloureusement. Les chambres et les salles des métairies sont propres mais petites. Le cellier est trop chaud et les fermentations des vins ne doivent pas se produire régulièrement. Des citernes en ciment font contraste avec la pauvreté du lieu. Dans l'étable, 4 vaches sous robe blanche, de la race locale dite du Val di Chiana, race de travail, à production laitière nulle, mais susceptible d'engraissement. Un bon bœuf, à point, atteint le poids de 1.300 kilogs. Dans l'écurie. un cheval qui n'a presque point de litière. Le fumier, bien que disposé dans une fosse étanche et couverte d'un toit est mal tenu. A l'angle de la maison, une poule attachée par la patte, défend ses poussins, tandis qu'un bon gros chien

de garde, peu féroce, sommole en face,
étendu dans une immense outre en
terre cuite couchée sur le flanc. Non
loin, un grand vase circulaire, exposé
aux intempéries, attire notre attention.
C'est un pétrin en terre cuite. Au-dessus
du puits, un frêne supporte une vigne
dont les sarments sont d'un diamètre
respectable. Autour de la métairie, des
oliviers produisent l'huile que l'on ex-
trait avec un pressoir antique. Deci,
delà, sous un hangar, des tas de cannes de Provence utilisées comme tu-
teurs ou abris. Le terrain cultivé est
divisé en planches irriguées par l'eau
puisée avec la noria. Un sentier sépare
deux planches où l'on fait quatre récoltes de légumes par an. Les céréales subissent un assolement triennal, mais
sur de bien petites surfaces. Nous
voyons successivement des planches de
fèves, d'artichauts et de pommes de
terre sur une terre grasse et bien travaillée. La noria est à manège, mu par
un bœuf ou un cheval. La chaîne à go-
dets qui fait monter l'eau des citernes
est formée de caisses rectangulaires. La
roue est bordée de brindilles de fougère
qui retiennent le précieux liquide. L'eau
est ainsi puisée, déversée et transportée
par un appareil où tout est en bois. Dans

un hangar. nous découvrons une char-
rue également en bois dont un Arabe ou
un Hindou ferait facilement une copie.
L'âge a 4 mètres de longueur. Le versoir
est en bois d'une seule pièce ; le soc,
qui en est la partie antérieure, est coni-
que et recouvert de tôle.

Une deuxième métairie nous reçoit,
mieux tenue que la précédente. Dans
l'étable, quelques têtes de bétail de
croisement Simmenthal - Durham. Le
rendement en viande n'a pas été aug-
menté. Ici, les appartements du personnel, l'étable, la cave et le cellier sont
sous le même toit. Autour de chaque
érable qui borde les sentiers, 2 à 4 pieds
de vigne. Suivant la vigueur du plant,
on taille en laissant 2 ou 4 rameaux à
fruits selon la méthode Guyot qui rapproche le sarment de la terre, évite l'in-
cision annulaire et modère la crois-
sance des coursons. Le vin est conservé
dans des foudres elliptiques à axe trans-
versal très court.

Une troisième métairie possède un
matériel viticole plus perfectionné. Le
pressoir est moderne, les cuves sont en
ciment, la cave tient bien la fraîcheur.
Dans l'étable, du bétail Schvytz. Pruland
(Venétie), et Simmenthal.

Un coup d'œil à une quatrième métai-

rie, puis nous gagnons la rivière endi-
guée entre ses grèves pour traverser le
village. Les paysans se pressent aux fenêtres où se balancent les linges les
plus disparates. Les enfants se promè-
nent à nos côtés, n'ayant pour tout vêtement que leur candeur. C'est la misère
aux portes des palais florentins.

A l'entrée du parc de l'Institut Agricole, un âne broute avec avidité de
larges feuilles d'artichaut mélangées à la
luzerne. Le parc est très accidenté. L'entrée en est peuplée de lauriers, de chênes
verts et d'oliviers. Les hellébores, les
cyclamens, le gouet d'Italie et la garance forment le sous-bois. Le feuillage
glauque de l'immense collection des
oliviers, le port triste et décharné de ces
arbres contraste avec la parure rose
des pêchers et des abricotiers. Nous
admirons une superbe collection de vignes très bien tenue, vignes italiennes,
françaises, plants américains, sujets
greffés. Sur le sol calcaire, à grains
blancs et fins, les ceps se dressent en
terrasses étagées et maintenues par des
murs en pierre sèche.

Les bâtiments sont neufs. Le professeur Passerini les a construits de ses
deniers de même qu'il paie le personnel
avec sa propre fortune. Le panorama

qui se déroule à l'entour est ravissant. Dans une grande pelouse, un chêne vert de 6 mètres de circonférence qui a son rôle marqué dans les fêtes locales.

Le professeur Passerini nous introduit dans ses laboratoires, vastes et clairs, bien outillés et qui regorgent des indices des recherches patientes du savant. Celui-ci étudie la végétation du lupin en présence ou en l'absence du manganèse, car le lupin est très cultivé en Italie. L'hybridation des blés a donné aussi d'intéressants résultats : par un croisement approprié, on a donné au blé local, le *Gentile Rosso*, une plus grande résistance à la verse sans diminuer le rendement. Le *Noé*, qui a servi de sujet, a apporté un changement notable dans la paille et l'épi.

Les salles de conférences possèdent de fort belles collections. Notons un modèle en plâtre du système *Aspina* pour régulariser le cours des torrents et limiter la dénudation pluviaire dans les montagnes.

Le cellier de l'Institut regorge de fiasco dont le bouchon de liège est remplacé par une couche d'huile. Au plafond sont pendus de nombreux fromages en forme de courges ou d'olives. La cave renferme des citernes en ciment et en verre. Sur des rayons, sont superposés des barils elliptiques. Tous sont munis d'un anneau qui sert à les fixer à une chaîne lors des transports. On craint beaucoup les voleurs en Italie. Nos prisons n'ont pas de serrures plus solides ni de cadenas plus résistants que les portes des celliers italiens. Toutes les bouteilles portent un clissage en jonc.

Dans l'étable, 4 bœufs de la race du *Val di Chiana*, du poids de 395 kilogs. Ils servent à l'apprentissage des labours et des charrois.

L'assolement quadriennal est observé sur les cultures de l'Institut. Après défrichement, on cultive une plante sarclée (*sorgho* ou pomme de terre), puis un blé, un trèfle, un blé et une culture dérobée.

Nous avons beaucoup circulé et beaucoup vu. Il est l'heure de déjeuner. M. Passerini, assisté de MM. les Professeurs de botanique et d'agriculture, nous retiennent à une table somptueuse, dans la salle de dessin. Votre serviteur est à la gauche du professeur de botanique qui parle *esperanto* mais ignore le français. Par un mélange d'allemand et de latin, nous pouvons échanger quelques phrases, sans danger pour la science et la politique. La table disparaît sous les mets, les vins et les fleurs. Partout de jolies roses, de jolies grappes de lilas, des narcisses et des seilles à foison. L'*Asti spumante* pétille et monte le ton des conversations. Le vin de *Chachamaecy*, plus parfumé que plaisant au palais, lui cède le pas. M. Passerini porte un toast à Grignon, à ses Maîtres et à ses invités. Il rappelle le souvenir de Deherain « qui a travaillé pour Grignon, pour la France et pour tous les autres pays du monde ». Triple salve d'applaudissements. M. G.... remercie en buvant au savant si désintéressé.

Après un bon cigare qui ne réussit pas à tous, on se quitte sous une averse formidable. Les voitures de Florence nous reprennent pour nous conduire à l'hôtel. La pluie cesse, fort heureusement. Aussi, après un brin de toilette, on forme des groupes et la caravane parcourt en détail la ville sous la conduite d'un excellent guide.

—X—

Visite de Florence

Comme Milan, Florence n'a pas le cadre pittoresque des montagnes, ni le voisinage d'un lac ; la mer ne vient point battre ses murs. Mais la ville des fleurs, au charme austère et suave, m'a beaucoup séduit par son allure médiévale. On respire un autre âge à Florence, riche de souvenirs et paré de chefs-d'œuvres. Rues étroites et tortueuses, tours et clochers, campaniles altiers où résonna le tocsin des factions, palais de banquiers ou de nobles vindicatifs, vieux ponts jetés sur l'Arno, tout y est matière à curiosité parmi les côteaux fleuris.

« On ne peut lever les yeux sans voir quelque chef-d'œuvre de peinture, sculpture, architecture ; il y a eu ici, en même temps, de grands ouvriers et des princes qui aimaient les arts. On voit partout le grand goût de Michel-Ange naître peu à peu dans ceux qui l'ont précédé et se soutenir dans ceux qui l'ont suivi. » (Le Président de Montesquieu, 1728).

Une grande animation règne dans les rues, mais si les femmes sont jolies et coquettes et si le Florentin est fier, orgueilleux, nous ne verrons cependant point les saturnales des Médicis, ni les massacres causés par les haines de parti. A Florence, on est gai parce que tout sourit.

Longtemps Florence fut célèbre par

les maladies qui la décimèrent. La peste y fit de nombreuses victimes. Il est vrai que le manque d'air joint à la chaleur proverbiale qui y règne l'été, n'est pas une des moindres causes de l'épidémie. Mais nous n'avons pas ressenti : « *il caldo di Firenze* ». Nous eûmes un ciel voilé qui nous laissa choir sur la tête des ondées mal venues.

Les maisons de Florence ont un style particulier, mi-palais, mi-forteresses, sans fenêtres sur le dehors. Peu d'architecture extérieure, la ligne droite domine. Quelques fois des fresques, le plus souvent une façade en gros blocs de marbre rectangulaires à peine travaillés. Mais l'art est concentré à l'intérieur. Les cours sont jolies, les salles ornées de peintures et meublées de façon fort remarquable. Les Romains ne construisaient pas autrement à Pompéi.

L'Arno roule ses eaux jaunâtres et peu odorantes à travers la ville. Le tiers de son lit est à sec. Il coupe la ville en deux parties. D'un côté il longe le quartier riche. De l'autre il borde un quartier moins animé, à ruelles étroites et sales. Sur la rive droite, des quais forment la célèbre promenade du *Long'Arno*.

Notre première visite est pour le *Baptistère*, en face de l'église Santa-Maria Del Fiore du Campanile.

Le Baptistère de Saint-Jean, de forme octogonale, est tout en marbre. Les portes. dites du Paradis, sont ciselées dans le bronze. Ghiberti y a dépeint. avec une finesse intense, avec un relief puissant, des scènes sacrées tirées de l'histoire religieuse. Dans l'intérieur. des mosaïques, des sculptures de Donatello et de Michelozzo, donnent un cachet merveilleux.

La *Cathédrale Santa-Maria del Fiore*, tout à revêtements extérieurs en marbres tricolores, est célèbre par sa coupole édifiée par le génial Brunelleschi. Michel Ange disait d'elle qu'il était presque impossible de faire mieux. En effet, les proportions si bien gardées. la lumière parfaitement distribuée, produisent une impression des plus agréables. Cette église est remplie de chefs-d'œuvre ; fresques de Vasari, bas - reliefs de Bandinelli, d'Orcagna, bénitier du 'Giotto, la Pieta de Michel-Ange, portrait du Dante, reçoivent tour à tour notre visite.

Le Campanile, si gracile. si fuselé. si délicat que Charles-Quint voulait le mettre dans un étui. est orné de statues et de bas-reliefs d'Andrea Pisano. représentant l'histoire de la civilisation. Comment donc, dans sa fiévreuse et tumul-

tueuse activité, Florence a-t-elle pu ins-
pirer autant d'artistes aux talents si
divers ? Car tout y est sujet d'admiration.

Sur une place assez triste, que bordent des palais à loggia et à torre, le
Panthéon, monument où reposent les
hommes illustres, Michel-Ange, Canova,
Rossini entre autres. Les murs sont or-
nés de fresques sorties du pinceau du
Giotto. Dans un tombeau, Galilée, auteur involontaire de nombreux con-
flits, dort son dernier sommeil.

Le *Palazzo-Vecchio*, Hôtel-de-Ville ac-
tuel, offre un aspect rébarbatif avec sa
masse féodale et son donjon sévère qui
s'élève à 94 mètres du sol. Ses, murs
crénelés, ses fenêtres étroites ont dû
voir défiler bien des groupes ameutés
ou des foules en délire de persécution.
Dans la cour, une jolie statuette de
bronze. Dans les salles, des peintures,
affreuses à mon avis, exhibent des per-
sonnages grotesques. Vasari a manqué
d'inspiration et s'est montré inférieur.

Tout près, la *Loggia des Sanzi*, élé-
gante et svelte galerie, destinée à servir
de tribune aux harangues, abrite des
chefs-d'œuvre de bronze et de marbre,
Persée de Cellini, *Ajax*, les *Centaures*,
les *Sabines* de Bologne.

Le temps nous fait défaut pour visiter les *Galeries des Uffizi*. Aussi nous traversons l'Arno sur le *Ponte-Vecchio*, qui date de 1342. Ce pont très étroit, supporte des maisons, des boutiques de bijouterie, à l'instar des vieux ponts parisiens que représentent les antiques estampes. La circulation y est active et l'on s'y presse devant les vitrines comme sur les boulevards de la Capitale française.

Par des rues étroites aussi, tortueuses, que bordent de hauts palais, nous montons au *Palais Pitti*, tout en pierres brutes. Pas d'architecture, des lignes droites, point de sculptures, rien d'un palais. Les blocs sont à peine dégrossis. La longue façade est d'un aspect sévère. Les jardins en terrasse sont splendides sous leurs jolies charmilles vertes parsemées de grottes et de jets d'eau. Nous faisons l'ascension du belvédère d'où la vue s'étend sur Florence.

La promenade se poursuit de plus en plus captivante. La *Chapelle des Médicis*, à peine visible du dehors, est devenue un musée payant. Il faut passer au tourniquet, verser son obole, avant que de pénétrer dans cette grande salle rectangulaire que surplombe une coupole d'où tombe la lumière. Partout, un revê-

tement de fresques et de mosaïques
éclatantes. Une impression de grandeur et de tristesse toute spéciale s'empare du visiteur, impression due sans
doute à la netteté de la ligne droite
avivée par la chûte verticale de la lumière. Autour de nous, des statues qui
indiquent l'idée de la mort et de la
brièveté de la vie. Michel-Ange a voulu
frapper les spectateurs de ses œuvres
par le sentiment et l'impression.

La figure sépulcrale de Laurent II est
accompagnée de l'*Aurore* et du *Crépus-
cule*. Celle de Julien II est encadrée du
Jour et de la *Nuit*, tout à fait ravissants.

Non loin de ces tombeaux autour des-
quels la caravane se presse recueillie, le
Penseur poursuit sa méditation pro-
fonde, vivante quand même, tant l'artiste a mis de science à sculpter le
marbre.

Sur cette dernière visite, nous regagnons l'hôtel où nous attend le dîner. Il
y a encore bien des palais à visiter, des
musées, des églises à parcourir. Mais
l'aiguille tourne sans pitié sur le ca-
dran des heures. Et nous n'aurons qu'un
pâle aperçu de Florence, ce foyer et
cette grande école de l'Europe, de la
moitié du 14ᵉ siècle à l'an 1600. Aussi
pourrions-nous retrouver des traces de

son influence à Padoue, Milan, Ferrare, Rimini et Urbino.

A 7 heures du soir nous nous asseyons autour de petites tables, dans une splendide salle à manger à caissons sculptés, à murs couverts de fresques, parmi un jardin de fleurs.

Une dernière promenade en ville, puis on se donne rendez-vous à la gare à 11 h. 50. La pluie nous force à nous abriter dans les salons de l'hôtel. Au reste, rien à voir à Florence la nuit. L'omnibus survient et nous dépose devant nos wagons qui vont s'emplir de dormeurs aux poumons infatigables.

—§—

Campagne Romaine

Par *Arrezo*, la voie ferrée va longer le fameux lac Trasimène pour gagner Orvieto. Entre la voie et la mer, les *Crètes de Sienne* développent leurs argiles plastiques, nues, ravinées, à culture extensive. La terre y vaut de 150 à 300 francs l'hectare. Elle est susceptible d'un grand rapport si on aménage les eaux, si l'on colmate et si l'on chaule.

Là, on ne trouve ni capitaux, ni voies de communications, ni science. Les

salaires y sont faibles ; la sécheresse
entrave la végétation des fourrages.

Le long de la côte de la mer Tyrrhénienne, c'est la *Maremme* plate, insa-
lubre où le travail du draineur dut pré-
céder toute mise en valeur.

De la campagne qui s'étend entre
Florence et Rome, je ne dirai pas grand
chose, car il faisait nuit noire, et tous
dormaient à poings fermés.

Vers **6** heures du matin, le réveil se
fit au milieu de gens courbaturés, fati-
gués et énervés par le cahotement des
wagons. La voie se déroule parmi des
petites vallées marécageuses. Peu ou
pas de cultures ; de nombreux et
mauvais pâturages, à fourrage grossier
où paissent des bœufs Romagnols à
cornes acérées.

A cheval, revêtus d'un ample manteau
brun, des pâtres gardent les troupeaux
épars. Le long des cours d'eau, des
plantations d'eucalyptus répandent une
odeur pénétrante et assainissent le pays
de la malaria.

Cet *Agro Romano* est une plaine d'al-
luvions argileuses, difficiles à drainer.
Ce pays est malsain ; aussi voit-on les
chefs de gare, les employés des Postes
et des Octrois se soustraire aux piqûres
des moustiques en s'enfermant dans

des cages grillées, à mailles très fines. La pluie ajoute sa note mélancolique à ce désert de près-marais.

Bientôt l'*Agro Romano* et ses *Marem-nes* empoisonnées font place aux tufs volcaniques, aux laves et aux cendres du *Latium*. Çà et là des lacs occupent d'anciens cratères ou des vallées d'effondrement. Le sol a été bouleversé par les secousses sismiques.

Nous entrons en gare de Rome. La ville nous apparaît déjà funèbre, triste, désolée. Le temps maussade ajoute sa note à cette impression qui ne me quittera plus.

—X—

ROME

« Il y a trois Rome dans Rome : la Rome antique, abattue, brisée, gisant sur le sol ; la Rome des Papes de la Renaissance, avec ses églises, ses palais, ses musées, chefs-d'œuvre regorgeant eux-mêmes de chefs-d'œuvre, assemblage des plus belles inspirations du génie ; et la Rome d'aujourd'hui. Les deux premières vivent chacune dans une gloire que n'a jamais égalée aucune autre cité. Mais la Rome actuelle écrasée, assoupie, n'a rien fait, rien créé.

Vivant sur les dépouilles de ses aînées, elle reste dans une prostration de complète dégénérescence. »

Une nuée de facchini se précipite aux portières et nous assaille de façon fort importune. » « *Eccola Roma*, voici Rome », crient les employés qui nous aident à nous dégager de cette avalanche de miséreux. Nous montons en voiture pour gagner l'hôtel Germania. La ville paraît chétive, abandonnée, quand on la considère de la place de la gare. « Déjà la plaine nue, avec quelques masures éparses, ruines du passé ou du présent, nous avait averti. » Nous traversons un quartier peu fréquenté où les constructions neuves se dressent autour des ruines noircies par les autans. Puis nous voici dans une rue large, gaie, aérée, sillonnée à tout instant par des cars électriques. Cette rue est bordée d'hôtels luxueux dont les appellations cosmopolites font contraste avec les souvenirs qui sont soudés aux sols. Nous arrivons à l'hôtel ; l'ascenseur nous happe au passage et nous dépose au 1er étage. La toilette est rectifiée après une bonne ablution. On déjeune puis on part à travers la Ville Eternelle au gré de sa volonté. B...., qui possède un guide et de bons renseignements sur

les itinéraires les plus curieux, prend la
direction d'un petit groupe dont je fais
partie. Nous nous dirigeons vers le
centre de Rome ; aussi, du quartier
neuf nous passons dans un quartier
pauvre, sordide, empuanti aux maisons entassées le long de ruelles mal
éclairées et mal pavées. Puis nous
courons de monuments en monuments,
d'églises en églises.

Le *Panthéon* nous reçoit au moment
où un officier fait visiter l'église à ses
bersaglieri. Autour du temple, les rues
sont plus animées, mais l'âme ressent
toujours ce sentiment de lassitude pro-
fonde qui émane du sol romain. L'enthousiasme disparaît chez moi. Les
églises n'ont pas d'aspect extérieur,
l'herbe et la broussaille revêtent les
murailles ; l'intérieur est sombre, la décoration est trop chargée. Où sont nos
Cathédrales gothiques ?

Les ruines sont des lambeaux de ruines. La population elle-même traîne
languissante sous les haillons sales,
criards et mal odorants. Le car électrique n'anime point les avenues. Il glisse
sans bruit comme dans un cimetière.
Les édifices sont défigurés par des réparations stupides ou masqués par des
constructions modernes d'un goût dou-

teux. Peu ou pas de commerce ; point d'industrie. Rome est une ville morte.

La *Place d'Espagne* et le *Corso* sont le rendez-vous des oisifs et des élégants. Mais les Romains d'aujourd'hui ne se montrent pas les fils des Romains actifs, remuants, batailleurs des temps antiques. C'est l'impression que notre groupe rapporte en allant rejoindre la caravane pour le déjeuner.

Le café pris, on se dirige à pied vers le palais du Congrès International d'Agriculture. Là on nous délivre les comptes-rendus des séances et la plaquette souvenir. Nous faisons acte de présence, nous signons sur les registres puis, nous sommes libres.

L'idée nous vient de héler deux vetturini qui, pour 7 francs, nous emmènent aux *Catacombes de Saint-Calixte*. Il pleut. Aussi le cocher se met en devoir de déployer un immense parapluie, de couleur indescriptible, qui protège le propriétaire en inondant le client. Le temps s'est refroidi. Nous gagnons la *Voie Appienne*. Encore une désillusion. Cette grande artère de la circulation si souvent citée par nos auteurs latins, n'est qu'un chemin poudreux, étroit, alors que nous croyions voir une route droite, large, à la romaine.

Le long de cette route étaient placés les monuments funéraires, les columbarium des Romains. Nous traversons la *Vallée Egerie* et nous saluons le *Tombeau des Scipions*. Voici le plateau de Saint-Sébastien avec le champ qui vit le combat des Horaces. La campagne est un peu cultivée et la plaine est sillonnée des arcades, des aqueducs en ruines. Après le *Cirque de Caracalla*, nous atteignons le tombeau de *Cecilia Metella*, de forme circulaire, en blocs de calcaire travertin. Nous verrons plus tard, dans la cour du Palais Farnèse, le magnifique sarcophage qu'il renfermait.

Nous voici arrêtés devant une humble porte entaillée dans un mur de jardin. Nous sommes au-dessus des *Catacombes*. Les murs de l'enclos où s'ouvre l'entrée des galeries sont formés de morceaux de marbre arrachés aux ruines romaines. Au milieu de l'enclos jadis cultivé, parmi les ifs et les thuya, une cabane en bois abrite les trappistes chargés de l'entretien et de la surveillance. Nous apposons notre griffe sur un registre, déclinons nos qualités et versons le montant du prix d'entrée, un franc. On nous munit d'un cierge minuscule, puis nous marchons à la suite du guide.

Il existe une entrée et une sortie aux Catacombes de Saint-Calixte. Nous descendons un escalier assez large, poussons une porte et pénétrons dans une galerie à la suite du Père. Le savant Rossi a restauré 14 kilomètres de couloirs funéraires, bien entretenus et visibles sur toute leur longueur. Ces galeries sont étroites, de 1 mètre à 0 m.60 ; leur hauteur varie ; quelquefois on trouve de 3 à 6 rangs de tombes superposées. La terre poreuse, la *pouzzolane*, dans laquelle sont ensevelis les corps des premiers chrétiens, est une terre noire produite par des éruptions volcaniques sous-marines. Nous parcourons ces vastes couloirs qui se superposent par trois en certains endroits. Le Père qui est gai, spirituel et qui plus est, parle français car il est né près de Reims, nous fait voir les lieux d'assemblée, avec l'arc, origine de la voûte des églises, et les fresques du 1er et du 2e siècles.

Dans ce milieu où vécurent et reposèrent tant de martyrs et de persécutés il n'est fait aucune allusion à la mort. Partout des symboles d'infini, d'éternité, d'espérance. Quelques tombes sont ouvertes. On voit le squelette bien conservé, le crâne encadré de chevelure, le corps enveloppé de restes de tissus. Ces catacombes contiennent 170.000 corps.

Les reliques de saint Pierre, saint Paul, sainte Agnès, saint Sébastien y furent cachées. On nous montre un escalier coupé par les chrétiens qui fuyaient les attaques des païens. Ceux-là considéraient les catacombes comme inviolables.

Le Père, dans un langage des plus courtois nous taquine tout en nous sermonnant Il voudrait entendre quelques-uns en confession, mais il s'adresse aux plus... espiègles qui jouent de malice avec lui. Il nous fait voir les petites lampes encastrées dans la muraille, des tombeaux de martyrs célèbres et des sarcophages magnifiques.

J'apprends, de la bouche du Père, que les catacombes ont reçu la visite de deux notables Champenois, il y a quelque temps, M.Coutant, ancien député, et M. Ponsard. Ceci nous amène à parler du champagne et du cidre à qui le Père se dit redevable de la santé. La conclusion est que tous deux sont bons, se laissent boire et... seraient les bienvenus !

Nous sortons des catacombes, faisons l'emplette de quelques souvenirs et adressons nos adieux au Père qui, dit-il, aurait grand plaisir à nous revoir à notre voyage de noces.

La promenade se poursuit toujours intéressante. L'église de *Saint-Paul hors les Murs* possède une décoration intérieure splendide. Bâtie sur les plans de la Basilique édifiée par Constantin, Théodose et Honorius, elle possède des mosaïques bysantines du 13e et du 15e siècles. Divisée en cinq nefs par 118 colonnes, la lumière y pénètre à profusion. En avant du bâtiment, un portique inachevé en granit du Simplon et en marbre blanc, avec impluvium à l'antique, ne manque pas de cachet. La vue que l'on a sur la campagne y est très agréable. Sur le côté, un cloître à colonnes torses, jadis recouvertes de mosaïques, abrite un jardin délaissé.

Nous reprenons la route de Rome. La pluie commence à tomber. Nous arrivons à l'hôtel au moment où choit du ciel le plus gros de l'averse.

Même sous un ciel lumineux, la Ville Eternelle n'est point gaie. Mais par ses monuments et par ses ruines, par ses souvenirs et ses horizons, elle finit par produire sur nous l'espèce de secousse et d'agrandissement, selon le mot de Gœthe, qu'elle donne à toute âme bien née. De la promenade à travers ces arches et ces pans de murailles qui virent bien des hommes, on éprouve un charme dont on ne se lasse jamais.

Mme de Staël a très bien rendu ces impressions : « Sans doute on est importuné de tous ces bâtiments modernes qui viennent se mêler à ces antiques débris. Mais un portique debout à côté d'un humble toit ; mais des colonnes entre lesquelles de petites fenêtres d'église sont pratiquées ; un tombeau servant d'asile à toute une famille rustique, produisent je ne sais quel mélange d'idées grandes et simples, je ne sais quel plaisir de découvertes, qui inspire un intérêt continuel ; tout est commun, tout est prosaïque dans la plupart de nos villes européennes, et Rome, plus souvent qu'aucune autre, présente le triste aspect de la misère et de la dégradation.

« Mais tout à coup une colonne brisée, un bas-relief à demi détruit, des pierres liées à la façon des architectes anciens, vous rappellent qu'il y a dans l'homme une puissance éternelle, une étincelle divine et qu'il ne faut pas se lasser de l'exciter en soi-même et de la ranimer chez les autres. »

En effet, rien de tel que l'aspect misérable du peuple pour nous rappeler la grandeur des souvenirs.

Mais je n'irai pas jusqu'à dire avec Chateaubriand : « Quiconque n'a plus de lien dans sa vie doit venir demeurer à Rome ».

Non, il suffit d'y séjourner quelques heures et cela pour « trouver pour société une terre qui nourrira *nos* réflexions, des promenades qui *nous* diront toujours quelque chose. La pierre *que nous* foulerons aux pieds nous parlera et la poussière que le vent élèvera *sur nos* pas renfermera quelque grandeur humaine. »

Après une bonne nuit qui a reposé nos membres courbaturés, nous sautons en voiture. Barnum a formé un convoi magistral dirigé par un guide très sélect avec ses gants jaunes, son pardessus mastic et sa cravate blanche.

La visite commence par le *Panthéon*, cette jolie construction trop écrasée par les maisons voisines et où les réparations ont été faites avec la plus grande absurdité.

Aux sons des grelots nos équipages nous emmènent dans des quartiers pauvres où la misère romaine expose ses haillons. Nous contournons des ruines dont les arches sont encore debout.

Voici le *Tibre*, aux eaux jaunâtres, avec le *Ghetto*, le quartier juif où se dresse une Synagogue toute neuve. Sur le fleuve, les ruines d'un pont que le flot n'a pu démolir et qui défie les siècles, le *Pont Cistus*. Ici débouche dans le lit du Tibre, la *Cloaca Maxima*, cet égout construit six siècles avant Jésus-Christ, type curieux de l'architecture étrusque. Il est formé de 3 arches concentriques de pierres ajustées sans ciment.

Nous croisons des attelages bizarres, où le mulet dévore tout en marchant le foin saisi à la botte attachée au timon ou pendue sous son nez dans un sac.

Nous contemplons le joli *Temple de Vesta*, composé d'une enceinte circulaire entourée de 18 colonnes en marbre blanc. Sa simplicité est d'une élégance remarquable. Plus loin, les restes du *Temple de la Fortune* rappellent le Parthénon d'Athènes.

Près de la Porte Saint-Paul, en dehors des formidables *murailles d'Aurélien*, la *Pyramide de Caïus-Sestius*, revêtue de marbre blanc. Le tribun n'a reproduit qu'une vague, mince et prétentieuse copie des géantes de l'Egypte. Ce citoyen Romain, en dépit de son orgueil, ne pouvait imiter les Pharaons.

La porte Saint-Paul laisse passage à

la *Voie d'Ostie*, ancien port et entrepôt de Rome. Cette route mène à Saint-Paul-hors-les-Murs et aux Catacombes Saint-Calixte. Je visite à nouveau et avec plus de plaisir la Basilique dont la beauté s'accroît de l'isolement où elle repose.

Nous gagnons le *Forum* par le côté où se dresse le *Colisée*. Ce monument, construit par les Juifs réduits en esclavage après la ruine de Jérusalem, produit une impression étrange. Quelle masse de pierre ! Que de blocs l'homme a-t-il entassé à la force de ses bras ! Nous entrons sous les arcades épaisses. Le monument a été dépouillé du marbre qui le recouvrait. Ce fut la carrière d'où sortirent les palais romains. Quel coup d'œil le cirque devait présenter quand les Romains, nobles, artisans et soldats se pressaient pour assister au spectacle des chrétiens aux lions. Que de sang a rejailli sur ces pierres, sang des lutteurs pour la vie, sang des lutteurs pour la religion !

Au midi du Colisée, l'*Arc de Constantin*, formé de colonnes enlevées à d'autres monuments. C'est l'Arc le mieux conservé à Rome.

Tout près, la *Meta Sudans*, fontaine où se lavaient les gladiateurs au sortir de l'arène. Au-delà de l'Arc de Constantin, la voie triomphale fait place à la *Voie Sacrée*, qui conduit au *Capitole*.

L'*Arc de Titus* est fort endommagé, mais les bas-reliefs qu'il possède laissent voir l'empereur sur son char, les soldats qui portent le chandelier à sept branches et les dépouilles du Temple de Jérusalem. — Auprès de l'Arc, les *cellas* du *Temple de Vénus*, bien décrépit.

L'estomac réclame ses droits. La chaleur se fait sentir. Nous gagnons l'hôtel où les retardataires font défaut pour le déjeuner. Mais Barnum bat le rappel à deux heures. Vite, en voiture.

Une rampe conduit au *Capitole*, tout à fait au sommet, *arx*. Là fut le berceau de Rome, la Chaumière du paysan Romulus. Dans une pelouse une cage renferme un aigle et une louve qui font bien piteuse mine en dépit de l'honneur dont on les a comblés en les exposant à la vue publique.

Sur la plate-forme du Capitole, trois constructions dues à Michel-Ange qui ne s'est pas montré l'habile artiste que nous connaissons. Nous y voyons les statues de *Castor* et *Pollux*, les *Trophées de Marius*, une statue en bronze de *Marc-Aurèle*.

Le *Musée Capitolin* est des plus intéressant pour qui a fait ses « classiques ».

Il renferme une jolie collection de chefs-d'œuvre. Citons, d'après nos souvenirs, le *Faune*, le *Gladiateur Mourant*, le *Groupe de Psyché*, le *Cheval de Phidias*, *Hercule*, *Junon*, ouvrages antiques dont se sont inspirés nos artistes.

A droite, on nous fait voir la roche célèbre, la *Roche Tarpéienne*, cachée sous les constructions modernes. Du haut du Capitole, la vue s'étend sur Rome et à l'aspect de tant de ruines accumulées parmi tant de générations, on pense aux paroles adressées par l'esclave à l'orgueilleux triomphateur : *Respice post te : hominem memento*.

Bien désert, bien triste, le *Forum*, cette place où le citoyen Romain s'agitait si fébrilement sous les harangues des tribuns. Ce ne sont que fûts de colonnes brisées, pans de mur, excavations, arcades chancelantes. Quelle ruine !

Nous descendons dans la *Prison Mamertine* par un escalier sombre et glissant. Nous pénétrons dans un cachot voûté, étroit, où furent emprisonnés Vercingétorix et saint Pierre.

Nos voitures nous conduisent au sommet du *Janicule*. La montée est superbe à travers les allées ombragées de pal - miers verdoyants, d'arbres de Judée tout roses sous leurs fleurs. Nous croisons

les soldats à l'exercice et à la grande co-
lère du caporal, notre attelage détruit un
alignement savant.

Sur le plateau du Janicule, on jouit
d'une vue superbe sur Rome. Nous admirons une fontaine construite en 1612,
sous Paul V, où l'eau coule avec abon-
dance et grand fracas. Remarquons
qu'en dépit du nombre des fontaines,
Rome est d'une saleté hideuse. Elle ri-
valise dans son ensemble avec certains
quartiers de Naples.

A quelque distance, la villa Pamphili
fait voir un parc célèbre.

Par la Porte Saint-Pancrace, nous gagnons *Frascati*, réputé pour ses jardins
et ses vins. Nous nous offrons mutuelle-
ment un petit vin du crû sous les charmilles, tandis que pour nous faire plaisir un orchestre nous torture d'un essai
de *Marseillaise*. Quelle guigne ! ces mu-
siciens ignorent les jolies *canzonetta*
italiennes. Les pôvres !!

Un regard sur le monument de Gari-
baldi puis nous descendons les rampes
qui nous amènent au *Château Saint
Ange*, le long du Tibre. Le Mausolée
impérial n'en impose plus que par sa
masse. Lui aussi a été dépouillé de sa
parure et de ses statues.

Nous défilons devant un joli palais en

construction, le futur Palais de Justice qui produira un effet superbe.

Nous voici sur la place Saint-Pierre à qui nous rendrons visite dans quelques jours ainsi qu'au Vatican qui renferme tant de merveilles. Mais nous sommes surpris des dimensions colossales de la place et des colonnades dont seule la mensuration permet l'évaluation. L'heure du repas du soir est proche et le guide nous reconduit à l'hôtel. La fraîcheur du soir se fait sentir, les rues s'animent. Voici que surgissent des modèles costumés qui nous jettent des fleurs et prennent place avec plaisir dans nos équipages à la grande surprise des têtes chenues de la caravane. Nous les promenons un instant.

6 heures 45. — Nous dînons rapidement, puis la voiture nous reprend et nous dépose à la gare où le train va nous recevoir.

— X —

VERS NAPLES

Le convoi s'ébranle et descend vers Naples. Nous sortons de Rome. La campagne est aussi triste qu'à l'arrivée. Pendant une heure, nous longeons les arcades immenses d'un aqueduc en ruines. Les impressions sont complexes, la fatigue aidant. Mais au sortir de la Ville Eternelle, ce qui frappe, c'est l'idée de désolation, de décadence : c'est l'abandon du commerce et de l'industrie, la solitude qui enveloppe la capitale ; pas de mouvement dans les rues, pas de mouvement dans les églises.

En dehors des palais et des masures, c'est encore la plaine morne, sombre, triste, grise, avec çà et là les ruines des thermes et des temples, les stèles funèbres. L'agriculture y est nulle, le paysan s'en tient au pâturage ; cependant il semble que c'est le seul cadre qui convienne à l'Italie. Car n'y aurait-il pas quelque chose de choquant à voir une usine près du tombeau d'un Scipion ou à entendre le halètement des machines sous les arches de pierre ?

Un horizon vaporeux avec quelques teintes rouges du soleil couchant : caché sous ces voiles, le Dôme de Saint-Pierre et les hauteurs du Capitole, c'est tout ce que nous voyons de la Rome qui s'estompe dans le lointain. Bien vite, nous quittons les laves et les tufs volcaniques du *Latium* pour l'*Agro Romano* si difficile à assainir. L'olivier jette une note verdâtre, mais glauque parmi les ruines amoncelées sous les eucalyptus. Un détour pour éviter les **Monts Lepini** qui enserrent les *Marais Pontins*. Déjà, nous sommes dans les *Apennins*. La ligne serpente entre les rochers puis atteint *Capoue* parmi les terres de labour. Il fait nuit noire. Nous dormons malgré le froid qui pénètre dans les wagons. Demain, dimanche, nous nous réveillerons dans la ville des plaisirs, à Naples.

—✗—

NAPLES

« Le Vésuve *Il Vesuvio* », crie une voix enrouée dans le couloir du wagon. Engourdis, le corps brisé par la fatigue, le nez gelé par le froid, nous nous précipitons aux portières. Bientôt des jurons font chorus. Un camarade facétieux s'est payé le plaisir de nous éveiller. Nous le maudissons d'autant plus qu'il fait froid, car il a neigé. Comment de la neige à Naples et oui... et la preuve, c'est que la voie est toute blanche. Mais de Vésuve à l'horizon, point, ni éclair, ni fumée, ni détonation. On reprend ses places en maugréant et on se serre sous les couvertures. Pour achever la farce, le mécanicien annonce deux heures de retard et il trouve cela naturel. Il continue sa route *pianissimo*.

Nous sommes maintenant en *Campanie*, dans ces pays riches et opulents aux temps antiques. La fertilité volcanique du sol en est devenue proverbiale.

Vers deux heures du matin, le sifflet de la machine retentit suivi d'un arrêt. Napoli ! Napoli ! Nous sommes à Naples. Enfin, nous ne sommes pas morts. Espérons que le jour se lèvera et nous laissera voir le rivage enchanté. Notre omnibus, conduit par une espèce de grand brigand de Calabrais, nous cahote sur les larges dalles des rues étroites. Le froid est de plus en plus intense et tous nous avons des costumes d'été.

Enfin, nous débarquons à l'hôtel où le Barnum nous annonce le lever pour 4 heures 45 du matin avec départ pour Pompéï.

De peur de ne rien voir de la ville, des camarades veulent visiter Naples de suite. On leur certifie que la nuit, les rues ne sont pas sûres et ils suivent l'excellent conseil qu'on leur donne d'aller se reposer. Naples est un repaire de voleurs et d'assassins cosmopolites.

Avec un élan digne des meilleures causes. J... et moi nous nous précipitons derrière la bonne qui nous introduit dans une chambre très propre. Le sommeil ne se fait pas attendre.

4 heures 45. — On nous réveille en retard. Je réponds à l'appel puis je me rendors. On vient à nouveau, l'omnibus va partir. Je secoue mon compagnon qui sommeille de bon cœur, nous nous habil_lons sommairement, bouclons nos valises et descendons. Un domestique passe dans le couloir avec une tasse de lait. Je la saisis et l'absorbe d'un trait aux yeux stupéfaits du garçon. Nous achevons notre toilette dans l'omnibus. La journée s'annonce très chaude. La nuit froide succède au jour brûlant et réciproquement. Le froid est encore vif, mais le soleil brille dans tout son éclat matinal. Voici, à l'extrémité de la rue, le Vésuve qui, par moments, lance des bouffées de fumée noire. La ville dort encore tandis que les cafés de nuit ferment leurs portes et que les courtisanes frissonnantes sous leur léger costume bariolé regagnent leurs gîtes dans la ville haute.

Sous sa toilette blanche, le Vésuve attire nos regards, car un volcan, c'est du nouveau, pour les Champenois. Nous avons des sources froides qui bouillonnent sous le gaz carbonique ; nous avons la montagne, mais elle ne fume pas ; sauf quand les hordons se dégourdissent les doigts à l'heure du casse-croûte. Le ciel devient d'un bleu très pur, éblouissant, sans un nuage.

La *Via Toledo* est longue et sans trottoirs. Le cocher fait des prodiges pour ne point écraser les lazzaroni et les facchini qui dorment dans l'encoignure des portes. Nous arrivons à la gare et en avance sur l'heure du départ ! Protestations générales. Mais le beau temps ramène la bonne humeur, on s'installe dans les wagons et nous partons vers Pompeï.

— X —

BAIE DE NAPLES

Vingt kilomètres de voie ferrée conduisent à Pompeï, le long de la mer bleue aux vagues écumantes, à travers un pays noir que recouvre par places une végétation exubérante. Le panorama est splendide. *Napoli* égrène ses toits rouges, la baie se détache en un bleu d'azur éclatant. *Capri* s'estompe sous une ombre violette. « C'est le volcan qui « a façonné la campagne environnante « et qui demain la détruira peut-être. « Chaque fois que la lave a coulé, la vie « a refleuri, plus belle et plus luxu- « riante. Les hommes se sont endormis,

« bercés d'une décevante sécurité. Car
« le ciel est si doux, la mer si belle, les
« chansons si enivrantes, qu'on en ou-
« blie la destinée tragique.... On vit jus-
« qu'au réveil tragique auquel on n'ai-
« me pas à songer. »

Le voyage est un enchantement. Partout des fleurs et de la verdure, un ciel pur, une chaleur idéale. Mais les orangers ont souffert de la nuit et leurs feuilles se sont recroquevillées lamentablement. Nous traversons *Portici*, *Ponte-Resina*, *Torre del Greco*, *Torre del Annonziata* qui ont leur histoire soudée à celle du volcan. Portici même s'élève sur les dalles de lave qui recouvrent Herculanum. La ville antique repose sous un jardin de lilas, de jasmins, de cactus et d'orangers.

Pompeï. — Deux ou trois maisons auprès de la petite gare. Est-ce tout ? Oui, pour le village moderne. Quant à la cité exhumée, elle est enclose de murs derrière ce monticule de cendres grises. Il faut passer au tourniquet et payer pour y entrer, tout comme aux expositions. De suite nous sommes assaillis par des guides qui veulent nous conduire au sommet du Vésuve, par des enfants qui vendent des cristaux de soufre ou des morceaux de lave. Mais nous nous pres-

sons vers la demeure des gardiens. nous
montrons patte blanche et nous entrons.

— X —

RUINES DE POMPEI

Notre première visite est pour le
Musée de Pompéi. Notre attention est
attirée par des moulages naturels de
corps humains conservés dans leurs at-
titudes au moment où ils tombèrent
asphyxiés par l'éruption volcanique. Un
homme, la figure horriblement contrac-
tée, les poings crispés, se débat dans
les affres de la douleur. Une jeune fille
semble dormir ; ses traits et ses formes
sont d'une pureté digne de la sculpture.
Plus loin un chien de garde, portant
son collier, se mord la queue, torturé
qu'il fut par les souffrances.

Dans les vitrines on a accumulé les
produits des fouilles, vases, armes, ustensiles, bijoux, pain, chataignes, tissus. On revit les us et coutumes des
Pompéiens et l'on se représente assez
facilement la catastrophe si bien décrite
par Pline. Chacun constate avec stupé-
faction à quel degré les Romains
avaient porté l'art de la peinture à fres-

que, de la céramique et de la construction.

Une tranchée dans le monticule de cendres permet d'entrer dans la ville exhumée. La curiosité est frappée par l'état de conservation des édifices, la disposition pratique des maisons. Pompeï étant une ville d'eaux, point de jardins, point de dépendances. La baie de Naples offrait une jolie promenade. Par contre, de nombreuses rues, de vastes places des théâtres, des temples et des tombeaux. Les rues sont dallées, les trottoirs sont très élevés au-dessus de la chaussée qui porte dans ses plaques de lave les ornières creusées par les roues des chars. Les fontaines qui laissent couler l'eau à gros bouillons montrent la trace de l'usure. Dans la lave des trottoirs la réclame a sculpté des noms et des adresses. Ici, un comptoir de marchand de vins aligne ses amphores à l'intersection de deux rues ; là, c'est un four de boulanger ; plus loin, l'atelier d'un potier. Dans les faubourgs un théâtre pour le chant et un autre pour le drame ; au centre, la place publique que domine le Vésuve .

Dans les rues principales, des pierres permettent de passer d'un trottoir à l'autre sans se mouiller les pieds en temps de pluie. Dans les maisons, point de fenêtres sur le dehors, une seule porte sur la rue, un corridor pavé en mosaïque, un atrium, un portique avec jet d'eau au bassin, et des chambres. Quelques maisons ont un étage avec balcon. Toutes ont des caves. La maison d'Edon est citée comme la mieux conservée. Les peintures sont merveilleuses de fraîcheur et de coloris mais, bien souvent, ultralicencieuses et érotiques. Les mœurs étaient bien dégradées chez les riches.

Le temps passe vite. Nous envoyons les cartes-postales obligatoires aux amis et le train nous ramène vers Naples pour nous déposer à 11 heures à Portici.

—X—

PORTICI

La ville s'étage en gradins au bord même de la mer bleue dont la voie ferrée la sépare. Une grande rue, très propre, dallée de lave, bordée de jardins embaumés et fleuris, en pente douce, conduit à l'Institut Agricole.

Déjà la foule se presse dans l'ancien Palais Royal. Après la présentation au directeur fort affairé par la réception de centaines de visiteurs, des élèves s'emparent de nous et nous pilotent.

L'Ecole est sur les flancs du Vésuve qui souvent bombarde de ses pierres brûlantes le parc magnifique.

Ce sol, né des éruptions du volcan, est très riche en éléments minéraux utiles aux plantes. La vigne y croit à merveille de même que les vigoureux chênes verts qui donnent un ombrage des plus appréciés.

Les bâtiments de l'Ecole, mi - forteresse, mi-palais, n'ont rien d'architectural si l'ensemble se présente sous une forme massive. Aussi les salles se prêtent peu aux exigences de la science. Cependant nous pouvons voir dans les collections du génie rural une série d'appareils curieux et assez antiques employés dans l'extraction de l'huile et du vin.

Les champs d'expérience sont piteux et la végétation spontanée y domine sur les plantes en observation. Par contre, le musée zootechnique est installé magnifiquement, par trop compliqué même. Dans un enclos on nous fait voir un troupeau de buffles. Les amateurs de photographie se livrent à une série de poses et de contorsions amusantes pour arriver à saisir sur la plaque des types de ces individus curieux. Ils sont l'objet de charges et de poursuites acharnées.

Dans les étables, un bétail très -mélangé, métis Schwytz-Romagnols, métis de moutons.

L'heure du déjeuner a sonné. La direction de l'Ecole comptait sur 200 congressistes venus de Rome. Or, nous voici 1500, musique en tête et des fleurs à la boutonnière, qui nous pressons dans les couloirs ; on se rue vers les tables. Tous les touristes, sur pied depuis 4 heures du matin ont les dents plus longues que celles des Anglais. On se dispute, on se tasse. Bref, on s'arrange au milieu de la plus grande gaieté et chacun dévore ce qui tombe à sa portée. M. D... et moi utilisons des assiettes déjà employées et débutons dans le plus grand appétit. Une crême au chocolat, du jambon, des meringues, du poulet, du fromage, des gâteaux, de la racine de Carvi, du champagne d'Asti, du Vesuvio mousseux, du Lachryma Christi, des vins rouges sont happés et dégustés sans ordre. On applaudit frénétiquement les toasts les plus enthousiastes en toutes les langues. Puis on se lève pour faire place à d'autres. Les salles du banquet sont immenses et les escaliers regorgent de convives affamés et plus encore altérés.

Barnum a disparu dans la foule. Deux amis et moi décidons de regagner Naples soit par chemin de fer soit par voiture. Nous nous rendons à la gare. Point de train pour Naples avant longtemps. Par contre, un convoi part, emmenant les congressistes vers Pompéï. Justement les voici musique en tête sous la conduite de M. Méline qui, dans la bagarre, a perdu Mademoiselle sa fille et vient de la retrouver entourée d'un flot de ses compatriotes. — Cris, acclamations, hurlements en toutes langues. Nous n'assistons pas à l'assaut des wagons et nous nous contentons de traiter avec un vetturino dont les deux mules nous promèneront à notre gré.

Si la route est large, les dalles de l'encaissement ne sont point unies. Aussi, nous sommes secoués d'importance dès le départ. Au bout d'une heure de route, nous atteignons les faubourgs et le port de Naples. Habitations hautes et étroites, ruelles sales, tortueuses et obscures, puanteur et chaleur, mœurs équivoques, population grouillante, désœuvrée et mal propre. Tout cela côtoie des avenues larges, aérées, bien plantées, des palais luxueux et les villas de riches rentiers. La populace vit dans la rue. Nous assistons à des détails de toilette repoussants. Au-dessus de nos têtes, sur des cordelettes, pendent mille haillons aux couleurs bariolées. Le port et ses cabarets louches, la Marina où tous se baignent nus comme des vers, l'arsenal militaire défilent.

Nous voici au Château de l'OEuf qui se dresse sur son rocher qu'entoure une vague bleue à crête blanche. Nous payons le cocher (una lira), un franc !! C'est peut-être le seul qui ne nous ait pas exploité. Puis nous nous promenons en flânant à travers la ville et le long des quais. Il est un peu plus de deux heures. La chaleur est accablante d'autant plus que la nuit a été très froide. Aussi peu de monde dans les Jardins publics. En dépit des arrosages fréquents et copieux, le gazon des promenades se montre jauni par les rayons brûlants du soleil. Nous longeons la digue, le rivage de la Chiaia, et nous admirons ce joli panorama de la baie de Naples.

Quelques camarades que n'effraient point les surprises d'une promenade en mer, montent dans une barque de pêche et se font introduire à bord d'un croiseur russe arrivé le matin en vue des fêtes en l'honneur du roi d'Angleterre. L'officier leur réserve le meilleur accueil et n'hésite pas à les promener dans les moindres recoins du navire.

D'autres se rendent sur les hauteurs du Pausilippe d'où la vue s'étend au loin vers l'île Caprée et Sorrente. J'assiste à l'entrée des artistes au grand Théâtre où les déposent de splendides attelages. La chaleur tombe. La fraîcheur survient peu à peu et les Napolitains surgissent de tous côtés. La foule se presse sur les galeries Humberto, dans la via Toledo ; partout les fenêtres s'ouvrent. Mais hélas, parmi ces ruelles étroites où les maisons se touchent, sur ces quais cosmopolites. pas un costume national. O bella Napoli !

Nous assistons ensuite à un concert public, puis nous nous dirigeons vers l'hôtel pour dîner. A une table voisine, une dame du grand monde dévore en s'aidant des deux mains, un vaste tuyau de macaroni au safran. qui sort d'une respectable soupière. Elle ne s'aperçoit pas heureusement de notre joie devant ses efforts surhumains pour ingurgiter sans le casser, cet immense serpent.

Après le repas, nous profitons de nos dernières heures à Naples pour aller respirer la fraîcheur au bord de la mer. La nuit est splendide et le long des quais s'égrènent les couples d'amoureux. Au loin, le Vésuve jette ses éclairs de feu, tandis que la vague bleuté verse l'opium du rêve au touriste accoudé en face de la silhouette du *Castello del Ovo.*

Chacun complète sa provision de souvenirs. Dans quelques instants, nous quitterons Naples.

——X——

ROME

Nous retournons à Rome alors qu'un moment il fut question de passer en Sicile. Mais les engagements pris pour différentes excursions agricoles ne permettent plus de changer l'itinéraire.

A 11 heures du soir. nous procédons à une installation rapide dans le wagon qui nous déposera à Rome à 7 h. du matin. Le silence le plus complet a régné durant le trajet. La fatigue a calmé les plus récalcitrants au sommeil.

Nous quittons la végétation exubérante qui naît sur des ruines et nous allons retrouver le Romain qui s'endort dans sa pauvreté et qui cache sa misère alors que le Napolitain insouciant jouit de la joie de vivre au Paradis sans travailler.

Autant la nuit a été froide, autant la

journée s'annonce chaude.Aussi la libre-
disposition de la matinée a été accordée
à chacun. Tous se jettent sur leur lit
dès la toilette faite. Vers 10 heures, on
se précipite chez les photographes pour
renouveler les clichés. Puis en guise
d'apéritif, un tour de promenade le nez
au vent, à l'aventure. Dès la fin du déjeuner, Barnum reconstitue ses équipages et nous emmène sous l'escorte du
guide.

Nous allons visiter *Saint-Pierre*, dont
les proportions gigantesques nous étonnent. Mais il nous faut procéder à des
mensurations et à des reports à des objets connus pour en saisir la grandeur.
Le guide nous débite là-dessus un historique des mieux fournis en dates et
noms. Quelle fougue, quelle jactance,
quelle mémoire !

Nous entrons au *Vatican*, l'esprit
plein d'émotion. Car, dans ce palais,
habite un souverain dont les sujets peu-
plent la terre sous toutes les latitudes.

Les gardes Suisses, costumés de jaune
et vert, montent la garde appuyés sur
leur hallebarde.

Nous gravissons de nombreux escaliers et errons parmi de sombres couloirs. Nous voici dans la *Chapelle Six-
tine*. Malheureusement, la lumière fait

défaut pour admirer la fresque du Jugement dernier.

Nous pénétrons dans les *Stances de Raphaël*, décoration des plus lumineuses où le relief et la finesse sont d'une intensité extraordinaire.

Puis nous visitons la *Pinacothèque* ou galerie de tableaux. Les œuvres picturales qui y sont renfermées sont splendides et par exception, la première fois de ma vie, je trouvais de la peinture qui me ravit. De nombreux artistes sont occupés à faire des copies mais il y a loin de leur travail au chef-d'œuvre des grands maîtres.

Un coup d'œil dans les musées, des plus riches et des plus vastes, puis on nous fait traverser la place Saint-Pierre, pour admirer la savante conception des colonnades.

Nous nous rendons à *Saint-Pierre es-Liens* pour y voir le *Moïse* de Michel-Ange, morceau de sculpture anatomique remarquable. Quel génie, ce Michel-Ange !

Nous entrons aussi à *Sainte-Marie-des-Anges, Sainte-Marie Majeure*, qui renferment des chefs-d'œuvre devant lesquels on ne peut pas ne pas s'arrêter.

Le temps passe vite et bientôt le dîner est servi. Nous faisons quelques pas sur les trottoirs mais Rome n'offre aucun attrait le soir. Nous rentrons nous coucher. Que le lit est une douce chose, même pour des têtes bien faites !!

—X—

BRACCHIANO

Nous aurons eu tout avantage à profiter du sommeil. Car, à cinq heures du matin le garçon envoyé par Barnum se fait conspuer quand il frappe à tours de bras à nos portes.

A Paris, on se lève tard, mais à Rome on se lève tôt, du moins les Français en voyage. Déjà les chevaux piaffent devant la porte de l'hôtel. Vite un tour à la salle à manger puis un saut dans les voitures. Nous arrêtons devant une petite gare. Une heure de trajet et le convoi nous déposera dans la campagne Romaine, l'Agro Romano, vaste étendue de 212.000 hectares, formée de laves et de débris volcaniques.

Cette contrée de l'Italie subit en ce moment une crise agraire d'une intensité extrême. L'agriculture, soumise au joug étroit du latifundium, ne peut pas se développer. Elle reste routinière et peu productive. En effet, moitié de la propriété est réunie en grands domaines à culture extensive et l'art pastoral, limité par la malaria, en fait toute la richesse. Chassée par la maladie, la population s'est groupée sur la montagne. La culture manque de bras ; la population meurt de faim : il y a disette de produits agricoles ; les bœufs et les chevaux disparaissent chaque jour devant le mouton qui transhume pour vivre. *Latifundia perdidere Italiam* (Pline). Le grand domaine a tué la petite culture. Le propriétaire est absent du domaine ; le fermier général qui affermait les biens a cessé d'exister. Les bergers ont pris sa place et font venir de la montagne les gens nécessaires aux travaux des vignes, à la moisson et à la cueillette des olives.

Mais les terres appartenant à la petite culture ne produisent pas assez pour combler le vide de la production latifundiste ; aussi les fermiers épuisent le sol par le maïs et l'avoine et le laissent reposer dans la mise en pâturages. L'ouvrier chôme après avoir travaillé pendant deux ans. De plus, il abandonne une part de ses salaires à un entrepreneur de travail (*il caporale*).

Il est nécessaire que les idées mises en pratique dans le Piémont et le Milanais se fassent jour dans l'Agro romano.

Car c'est en vain que les Italiens ont voulu faire du pain avec des lois : soit qu'ils aient affranchi les terres de servitudes publiques, soit qu'ils aient constitué des biens collectifs, ils n'ont pas apporté de remède. Les universités agraires ont des idées trop arriérées qui entravent tout progrès. L'emphytéose produira de bons résultats grâce à l'initiative privée, car les lois de « bonification » ou d'améliorations agricoles appliquées par contrainte, sont restées sans effet.

La nécessité d'un patronat intelligent, soucieux de ses ouvriers, désireux d'avancer des capitaux à la terre, se fait sentir. La Lombardie pourrait être une bonne école et une bonne pépinière de ces chefs entreprenants. Là est le remède à la crise, là est la faculté d'amener une culture extensive, capable d'alimenter la population, par suite de l'enrichir. (D'après P. Roux, 1910).

Dans le *Viterbois*, où le mal est aussi vivace, une partie du sol est tirée au sort entre les habitants des villages. Ceux-ci doivent cultiver leur part en maïs, puis en blé. Ensuite, la terre redevient soumise à la jouissance collective par le pâturage public. Ce vice initial de la nécessité du pâturage empêche toute culture intensive de céréales.

Nous sommes à Bracchiano. petit village que domine un immense château féodal planté au centre d'un grand domaine.

Jadis château-fort de la famille des Ursini, célèbre dans l'histoire. aujourd'hui résidence d'été du prince Odelcaschi, le château se présente altier, sévère. froid mais puissant au-dessus du lac de Bracchiano où plongent toutes les murailles d'une façade.

Le colonel ou régisseur nous reçoit à la gare. Et de suite, sous sa direction, commence la visite de cette magnifique exploitation agricole. Sur une superficie totale de 12.000 hectares, les bois de hêtre et de chène n'occupent que 2.500 hectares. Mais les essences y sont vigoureuses et la forêt est bien entretenue. D'où l'existence d'une scierie permanente qui débite le bois en merrains.

L'Espagne en achète au Prince pour 25.000 francs par an. 52.000 francs de charbon, des fagots, du bois de chauffage, des traverses trouvent un écoulement productif. Les chataigniers qui s'exploitent entre 15 et 18 ans, donnent des merrains et des traverses vendues 0 fr. 18 à 0 fr. 20 pièce, et utilisées pour les clôtures. Un Decauville dessert la scierie où 4 hommes rabotent les merrains

tandis que d'autres posent des agrafes
qui empêchent le bois d'éclater.

Tandis que nous nous dirigeons vers
les étables, nous croisons un manœuvre
qui conduit un mulet chargé de pouzzolane. Cette terre volcanique est utilisée
comme amendement calcaire à l'instar
de la marne dans le Soissonnais, de la
tangue ou des faluns, en Bretagne.

Dans la prairie bondit un troupeau
de chèvres agiles dont le lait est vendu
au village. Près d'une mare, une superbe troupe d'oies de Toulouse, de
race pure et sélectionnée, nous salue de
ses accents perçants. Dans un enclos,
où le pré est défriché tous les quinze
ans, une troupe nombreuse d'ânes
blancs, importés d'Egypte, se livre à des
cabrioles endiablées. Non loin des étables, un aqueduc tout en bois fournit
l'eau à la population de Bracchiano. Le
nombre des têtes de bétail nourri sur la
ferme est le suivant : 130 vaches, 20
bœufs, 6 chevaux, 22 ânes. Les ânons
sont vendus 80 à 100 francs. Les ânes
importés coûtent rendus à Bracchiano
1.000 francs, les ânesses, 1.200 francs.
On compte en plus, pour la chasse à
courre et la promenade, 32 chevaux de
selle et 11 à 12 juments poulinières, car
la ferme élève 6 poulains par an. Les

étables à bœufs sont spacieuses. Les bêtes y sont tête à tête et un couloir central conduit au-dessus des auges. Les bœufs travaillent de 3 à 7 ans, puis, on les engraisse. Ils pèsent 700 kilogs vifs. Leur nourriture se compose de foin et de luzerne récoltés sur ce sol volcano-silico-argileux. — Dans une écurie on nous montre un assez bel étalon anglo-normand.

. Nous nous rapprochons du village d'où s'échappe l'odeur attirante du déjeuner vivement désiré. Au pied du château, nous parcourons les écuries, fort bien aménagées, qui renferment les chevaux barbes utilisés dans la chasse à courre. Nous visitons le château à qui le Comte voue un intérêt considérable. Il a entrepris de le restaurer complètement dans l'état primitif où il fut conçu et édifié. Il va sans dire que la dépense sera grande. Le château date du 14ᵉ siècle. Il domine de sa masse importante le lac de Bracchiano dont le contour atteint 24 kil. et dont la profondeur est de 84 mètres. Ce lac, formé par les eaux de ruissellement dans un cratère éteint et effondré, est devenu célèbre depuis notre visite. C'est là que le génie militaire italien étudie la manœuvre des ballons dirigeables.

Les salles du château sont vastes, curieuses avec leurs plafonds aux poutres peintes, aux meubles grossiers mais confortables. Dans les murs épais de 2 à 3 mètres, on circule par des escaliers dérobés et les espaces occupés par les fenêtres forment de petits boudoirs d'où la vue est superbe. Sur la terrasse et sur les chemins de ronde qui longent la crête des murs, on peut se livrer à une promenade qui permet un tour d'horizon très étendu.

Nous allons déjeuner à l'auberge assez pittoresque avec ses peintures murales ornées de paroles de Luther, avec sa lampe en bois de cerf et son plafond enluminé. On savoure la cuisine fort appétissante puis on continue la promenade qui tourne à une gymkana. Car les uns vont à cheval, les autres en voiture légère. On dévale les pentes du château, et l'on se précipite en _une course assez fertile en incidents vers le vignoble. Au niveau du lac nous traversons les prairies affermées de l'automne à juin, pour le prix de 18 à 25 fr. l'hectare et dont chacune est irriguée.

Les vignes partent du bord du lac pour s'étendre jusqu'à la forêt. Elles sont plantées en lignes et dressées sur 3 fils. Les travaux s'y font mécanique-

ment et avec des attelages. Les 36 hectares, qui donnent de 45 à 70 hectolitres
de vin par an, sont taillées suivant le
système Guyot. Parmi les vignes nous
rencontrons les ruines de thermes jadis
fréquentées par les Romains.

Là nous voyons des plants de Jacquez
sur Américain, ici du Pinot de Champagne en lignes écartées de 1 mètre. La
vigne prospère sur ce sol volcanique
aussi, devons-nous visiter les caves pour
goûter les crus divers. Sur notre chemin un bois peuplé de gros lézards
verts fournit aux botanistes de jolis
types de cyclamens et de la garance.

Les caves sont desservies par un Decauville, éclairées au pétrole et munies
de citernes en ciment. Le Comte fait le
commerce de vins en gros mais on nous
fera déguster les produits de sa récolte.
tel du Pinot noir et blanc 1900, dosant
11 % d'alcool et dont la pièce vaut 60
francs ; tel aussi un vin très chaud,
coupage de 2/3 Pinot. 1/3 Savignon 1900,
tel encore du Cabernet rouge 1900.

Nous retournons au village en traver-
sant les vacheries et les dépendances des
fermes. Nous y trouvons de jeunes élèves Simmenthal. cinq juments irlan-
daises saillies par un étalon arabe, 3
chevaux anglo-irlandais. A l'entrée de

Bracchiano, nous croisons deux gardes
à cheval, fusil au dos, qui rentrent de
leur tournée.

En attendant le dîner nous nous amusons à jeter des sous aux habitants qui,
en une mêlée générale des plus acharnées, se précipitent pour saisir cette
menue monnaie. Quelques-uns vont jusqu'à plonger dans les bassins des fontaines publiques. Les photographes
prennent de nombreux clichés du personnel féminin qui se rend la cruche
sur la tête, à la fontaine où il jaspinera à
gorge déployée.

T...., l'enragé camarade qui ne dort
que le jour, est tenu en éveil par les
formes plastiques d'une jeune Miss des-
cendue à notre auberge. Il ignore l'anglais mais il voudrait bien entrer en
conversation avec elle. La mère, qui ne
quitte pas la beauté anglaise, roule des
yeux furibonds et s'empresse d'enfermer à clef, dans sa chambre, sa progéni-
ture, navrée de ce procédé qui nous met
en gaieté folle. Peut-être est-elle du même avis que le peintre bacchique qui a
dessiné ces deux vers au plafond de
salle :

Wer nicht liebt Wein Weib und Gesang,
Der bleibt ein Narr seinen Leben lang.

Le dîner est assez animé. Entre autres plats on nous fait goûter du fenouil, mets fort prisé par la population. Nous félicitons l'Intendant quand l'heure des toasts est venue et nous adressons un télégramme de remerciements au Comte.

Les habitants nous conduisent à la gare, où nous montons dans le train qui part à 7 heures 40 et nous ramènera à Rome vers 10 heures du soir. — En dépit de l'étroitesse du logis, on dormit bien à l'hôtel Savoye.

—X—

VERS PISE

Rome est l'étape désignée, l'intermédiaire obligatoire et préparatoire entre la riante verdure de Naples et l'azur incomparable de ses flots et de son ciel et la morne solitude de Pise au-delà des Maremmes empoisonnées.

Le mercredi 22, à 8 heures 15 du matin, nous quittons la Ville Eternelle dont la tristesse se fait toujours aussi pénétrante. Nous nous dirigeons vers Pise et nous allons pouvoir comparer aux riches cultures de la Lombardie, aux jardins embaumés de Florence, à la végétation exubérante bien que dangereuse du sol napolitain, la désolation

des marécages et des macchie italiens.
La voie ferrée se dirige vers la mer
Tyrrhénienne qu'il longera jusqu'au
terme de notre voyage en Italie.

Déjà l'Agro Romano est en accord parfait avec Pise la Morte.

C'est la plaine désolée, triste, aride,
peu habitée, où les stations de chemins
de fer ressemblent à des prisons, avec
leurs cages en grillage qui défendent
les employés contre la Malaria.

Rien n'est changé dans ce désert depuis 1740, époque où le Président de
Brosses écrivait :

« Les souverains qui, depuis Sixte V,
ont fait des choses immenses pour
l'embellissement de la ville, n'ont rien
fait pour la culture de la campagne, où
l'on n'aperçoit, à la lettre, ni une seule
maison, ni un seul arbrisseau. »

La voie ferrée n'a apporté aucun élé-
ment de prospérité.

A la plaine nue succède le marécage
où quelques troupeaux de porcs et de
moutons broutent une herbe fort peu
alimentaire. L'homme y vit dans des
huttes. Quand arrive l'été, on fait en
quinze jours la moisson, si moisson il y
a, puis on fuit ces lieux pestilentiels.

Les *Maremmes* commencent à *Civita-
Vecchia*. C'est un petit port de pêche,

perdu sur la côte déserte. Nous nous y arrêtons quelques minutes. La mer a englouti un vaisseau dont les mâts dépassent la crête des flots. Pour trois francs, nos voisins de wagon achètent une belle langouste cuite mais qui, paraît - il, fut fort pimentée. — Le train reprend sa course. Toujours même paysage. Sur 150.000 hectares, la plaine étale ses vallonements, formés de prairies submergées, de marais, de fourrés, de clairières et de macchie. On s'y enrichit en un an mais on y meurt en six mois. Jadis ces vastes terrains formaient une contrée prospère où fleurissaient 12 villes disparues.

Le pays s'est dépeuplé devant les latifundia, la méthode des grandes propriétés gérées par les intendants avides et rapaces. Le déboisement a amené la crue des torrents, l'envasement des rivières et la création des marais.

Monte Alta nous paraît un oasis dans la steppe italienne. Quelques bouquets de chênes-lièges y rompent la monotonie de l'horizon.

Orbitello se dresse au milieu de lagunes non loin desquelles apparaît un peu de cultures.

Grosseto, au voisinage du Cours de l'Ombrone, est désert l'été.

Le lac qui l'avoisinait a fait place au marais. Depuis le 16ᵉ siècle, les Italiens s'efforcent d'assécher la contrée par le colmatage, c'est-à-dire en utilisant les apports de limon des rivières. On cultive les céréales pendant 3 ou 4 ans sur le sol conquis puis on fait un pâturage pour le bétail qui arrive à l'automne. Les bûcherons suivent, puis, en été les piggionali, moissonneurs à l'entreprise. L'hiver on fait défricher le macchie par des bûcherons et des terrassiers des Abruzzes. On construit des métairies munies de moustiquaires ; on établit des canalisations d'eau potable. Mais cette mise en valeur est peu répandue et ses résultats seront fort lents à venir et à gagner toutes les Maremmes.

L'assolement suivant est fréquemment observé : maïs, blé, deux ans de lupin, blé, avoine. On donne au métayer 4 bœufs de travail, 4 vaches en cheptel. Celui-ci plante des oliviers et des mûriers. Ainsi soignée, chaque métairie rapporterait 3.000 francs et une paire de vaches se vend de 1.200 à 1.500 francs. On ne traite pas les vaches ayant veau ; quant aux porcs, ils sont nourris avec des citrouilles, du son et de la farine de maïs.

On sème 80 kilogs de blé à l'hectare

pour récolter 16 quintaux. On le voit, le travail de dessèchement peut créer de bonnes rentes. Mais la plupart des propriétaires se contentent des méthodes primitives. Ils labourent peu, sèment du blé deux ans de suite, puis une avoine et ils laissent la terre reposer en utilisant la végétation qui la recouvre sous forme de pacage.

Le bétail des Maremmes, à robe grise et à longues cornes, donne heureusement des bœufs solides mais tardifs, parce que non sélectionnés. Leur viande est de bonne qualité sous un faible rendement. Le lait de brebis sert à fabriquer un fromage dont l'Amérique est le grand consommateur.

En résumé, dans la Maremme, il y a beaucoup à faire pour mettre l'agriculture au niveau qu'elle doit y occuper.

Quelques chaînes de montagnes, aux apparences de pics redoutables, se détachent sur l'horizon de ce pays des fièvres paludiques et forcent la voie ferrée à longer de plus près la mer. Puis la culture réapparaît, mieux soignée, moins primitive. Nous nous enfonçons à l'intérieur des terres pour entrer enfin à Pise.

— X —

PISE

Trois heures de l'après-midi, une pluie battante, un ciel gris. — Un vacarme assourdissant, des ovations formidables réveillent les membres de la caravane que la monotonie de la route et la lassitude ont confiés à Morphée.

Les étudiants de l'Institut Agronomique nous font une réception toute méridionale. La pauvre ville de Pise, Pise l'endormie, Pise la Morte va-t-elle crouler sous cette poussée d'amicales salutations ?

Vite, nous faisons un brin de toilette à l'hôtel Neptune et nous nous laissons entraîner vers un café où nous attend un lunch des plus exquis. Nous nous rendons à l'Institut trop à l'étroit dans ses bâtiments peu confortablse. Un professeur devait faire une conférence sur la télégraphie sans fil, mais le temps manqua. Nous visitâmes les collections et les champs de culture fort minces auprès de ceux de nos Ecoles françaises. On utilise encore la faucille pour faucher le fourrage et la houe à main pour labourer le sol. Heureux pays qui ignore la rareté de la main-d'œuvre !!

Nous parcourons la ville du silence.

L'Arno qui a vu glisser le long de ses rives fleuries les belles Florentines au teint doré, l'Arno qui a connu les contrées opulentes chantées par les poètes, coule ici en courbes paresseuses et douces entre de vastes quais solitaires. Au-delà, des g. andes maisons régulières à façade blanche ou jaune, des volets verts, des ponts en pierre de taille font de Pise un gros centre triste, inerte où les boutiques sont rares comme les passants, comme les voitures, comme le bruit. A cinq heures, pas un chat dans les rues très propres A huit heures du soir, on éteint les reverbères. Les étudiants eux-mêmes désertent la ville et vont passer la nuit à Livourne.

La Tour penchée, le Dôme. le Baptistère font l'objet de nos investigations, car les artistes leur ont prodigué tout leur talent.

Puis nous retournons au café. Le directeur de l'Institut se lève et prononce un joli discours où il célèbre Deherain, le savant chimiste à qui l'agriculture du monde doit de si grands progrès et il félicite ceux qui ont la chance de l'avoir pour maître.

Un étudiant nous adresse, dans le plus pur français, les saluts de ses amis. Un pion lui succède et se croit obligé d'émettre des théories socialistes et internationalistes qui restent sans succès près de nous. Un « laïus » bien tourné par l'un de nous et un ban sonore qui stupéfie les Italiens, clôt la série des discours. On trinque à pleins verres, on nous bourre de gâteaux et on nous distribue des drapeaux. Quelle ardeur ces gens du Midi !

Avant de se lever de table. M. G.... remercie en termes un peu gênés. Mais il récolte un drapeau de première taille dont il est fort embarrassé. Puis on va se promener sur les quais.

Pise est un centre agricole. Jadis, c'était une cité maritime. Elle a cessé de naviguer. Une tour en ruines qui fut un phare, marque seul l'emplacement de l'ancien port dont Livourne a hérité toute la fortune.

Les étudiants qui habitent Livourne sont restés par extraordinaire, ce soir, à Pise. Aussi la Municipalité va laisser briller les lumières publiques très tard dans la nuit, jusqu'à 10 heures !

Nous dînons à l'hôtel puis, à notre sortie, les manifestations reprennent. Les causeries sont animées et nos collègues d'Italie ne nous cachent pas leurs sympathies pour les idées néfastes que nous répudions. On nous entraîne au café-concert, salle basse mais assez vaste où l'on déguste des limonades et de l'eau de seltz en entendant chanter un couple d'Italiens. Or, leurs canzonnetta sont en patois italien et beaucoup de nos amis ne les comprennent pas. Cependant l'un d'eux nous explique que l'on se moque des Napolitains, des Florentins et des Vénitiens. Ce sont des querelles de clocher, des jalousies de petite ville. Puis chacun s'en fut coucher et la ville troublée par nos allées et venues, rentra dans le calme et le silence.

— X —

LIVOURNE

Jeudi matin.— A 7 heures, nous quittons Pise pour gagner Livourne. Deux trains se suivent. Les premiers prêts partent par le n° 1. Cela leur fut fatal. En Italie, il faut se laisser vivre, aller *piano*, sinon tout se met contre vous, les gens, la nature, l'industrie et la jettatura. Je monte dans le premier convoi. Il pleut à torrents. Pise devient lugubre. Il est temps de quitter ce cimetière.

A 8 heures 45 nous arrivons à Livourne

par une averse diluvienne et un vent violent. Le mécanicien perd la tête et laisse la locomotive enfoncer buttoir et murailles de la gare. D'où choc intempestif, chûte des bagages sur les voyageurs, heurts et blessures. Pour ma part j'ai un œil tout noir accompagné d'un ébranlement à la tête. Je reste un instant abasourdi. M. G.., notre collègue du Midi, reçoit une valise sur l'occiput. la veille, il a perdu dix francs et une vache lui a envoyé une ruade. Aussi il gémit et jure d'une façon aussi intensive qu'hilarante. .

Bref on descend du train, qui se tenant la tête. qui se tâtant... l'autre figure. qui clopin clopinant.

Une femme est emportée sur une civière. Le deuxième train arrive. Les camarades sont chargés de fleurs car les étudiants restés à Pise les ont accompagnés. On explique l'accident et tous les individus indemnes se précipitent sur les agents, les bousculent et les secouent d'importance. Mais les réclamations ne sont point admises. Il faut reculer devant l'indolence des chefs. Le professeur Moussu, d'Alfort, donne ses soins aux blessés de la caravane qui n'ont que de fortes contusions suivies de migraine. On grimpe en voiture et on se hâte vers le port. Comme il pleut, on sacrifie la visite de la ville. Officine de négoce,crée de toutes pièces, découpée en îlots à l'usage du commerce, Livourne est fort animée. N'oublions pas que ce grand port est le point d'escale des paquebots entre l'Orient et l'Occident.

Nous devons prendre le bateau en partance pour la Corse. Mais nous allons attendre les formalités sur les quais, sous la pluie qui fait rage. Or. la mer est démontée depuis un mois et les grandes vagues déferlent par-dessus le musoir et les jetées. Les phares sont fouettés avec violence par l'écume. Nous assistons à une grande tempête.

Les choses s ecompliquent. Il va falloir coucher à l'hôtel, perdre un jour, car le port est consigné. La mer est très mauvaise au large. Et de nombreux terriens attachés à la glèbe comme nous, envisagent cette idée de s'embarquer par un temps pareil avec un souci des plus louables, eu égard aux estomacs.

Pendant que Barnum discute avec le capitaine du port et le capitaine de vaisseau. nous sommes harcelés. attaqués. pris d'assaut par les facchini. C'est la plaie de l'Italie et qu'une bonne trique bien maniée ferait de l'excellent travail. Les bagages sont dispersés, enlevés, repris, reconquis. C'est une véritable bataille qu'on se livre.

Enfin, à 9 heures, nous sautons dans un you-you qui nous conduit auprès d'un bateau malpropre, petit, peu chargé. Déjà le court trajet du quai au steamboat a rendu M. G... malade. On se hisse avec peine sur cet infect bateauet on essaie de prendre des dispositions en vue de lutter contre le mal de mer possible, voire même probable.B... et D.... se couchent, mais les cabines sont sales et l'air y est vicié. M. G.... pâlit et s'installe d'abord sur le pont puis dans sa cabine.

Nous essayons de nous mettre à table avant le départ. Le déjeuner est servi très vite. Il est peu appétissant. La table se dégarnit à vue d'œil car les convives sentent leurs estomacs chanceler. J'ai souvenance de certains poissons frits dans une huile qui ne sentait point les olives ! et aurait fait le bonheur du mécanicien.

Je remonte sur le pont. La pluie tombe par rafales, le vent amène du large des vagues d'une hauteur effrayante. La mer mugit. Le spectacle serait joli à voir... de la terre. Nous assistons à l'embarquement des marchandises trop peu pesantes pour lester notre coque de noix qui va danser sur les flots.

La tempête se calme un peu. Le ciel laisse voir un coin bleu derrière les gros nuages noirs. Le capitaine reçoit la permission de sortir avec ordre de rentrer si la houle est trop forte sur les côtes. Il est une heure et demie. La sirène retentit et nous voilà livrés aux forces peu maniables de la mer.

—X—

VERS LA CORSE

Le bateau ayant quitté ses amarres, subit des oscillations terrifiantes. Le capitaine fait mettre une voile pour diminuer le roulis et le tangage. Il est impossible de se tenir debout. Tout le monde tombe malade sauf quatre camarades qui se sont grisés avec de la Bénédictine. Je me réfugie dans la salle à manger. Mais je dois remonter sur le pont car l'air y fait défaut. Je dois me cramponner après les ferrements de l'escalier pour ne point être tué dix fois.

Le capitaine et le pilote se sont attachés sur leur passerelle et ont revêtu des bouées. Le vent souffle très froid et très violent. Les jetées sont franchies et s'effacent à l'horizon. L'hélice tourne dans le vide et chaque fois qu'elle reprend contact avec l'eau, les oscillations de notre paquebot nous arrachent les entrailles. Où est notre solide plancher des vaches ?

De 4 heures du soir à 9 heures, je subis les atteintes du mal de mer puis cela devient supportable. Et avec B... et G... nous imaginons de nous coucher à plat sur le pont, ce qui amène du calme dans notre intérieur. Notre méridional gémit dans sa cabine. passe par toutes les couleurs de l'arc-en-ciel et crie qu'il va trépasser. Il a bien oublié les cuisses de poulet de Belfort.

Nous progressons lentement et la durée du trajet sera doublée, 11 heures au lieu de 6. Quelle perspective. Le service des signaux salue un cuirassé qui passe à 400 mètres. L'écume le fait souvent disparaître à nos yeux.

Nous laissons à droite l'*îlot de Gorgone* et longeons à gauche l'*île de Caprajea*. Avec la jumelle nous voyons les vagues se dresser à l'assaut de ses murailles volcaniques, hautes de 500 mètres.

Voici l'*île d'Elbe* qui nous rappelle notre passé historique et grandiose. Tandis qu'au loin on distingue à peine *Pianosa, Formica, Monte-Cristo*, volcans sous-marins éteints qui surplombent les flots peu profonds mais resserrés comme dans un canal entre la **Corse** et l'Italie.

Pas une mouette dans le ciel. La vague balaie le pont de temps à autre. La nuit tombe et la Corse n'apparaît pas encore.

Je me réfugie dans le salon des premières et je partage les banquettes avec Barnum. Ici on est à l'abri des rafales, ce que ne cherchent pas les deux intrépides G... et C... Ceux-ci s'installent à l'arrière, dans un paquet de cordages et la bouteille de Benédictine en main, ils narguent la furie des eaux.

Une victime des flots : ma casquette s'en va rejoindre les poissons.

10 heures du soir. — Nous approchons de la Corse. L'air embaumé du maquis apporte un peu d'espoir à nos cultivateurs en détresse.

10 heures ½. — Un phare. Quelle joie pour notre nouveau radeau de la *Méduse*. Nous reprenons un peu d'aplomb et circulons en nous cramponnant à tous les agrès du bord.

11 heures ½. — Que le temps a semblé long. On accoste. Il fait noir sur les quais et quand nous débarquons le sol manque sous le pied. Beaucoup se trouvent mal. L'omnibus les enlève comme des loques.

La Corse se montrerait-elle rebelle comme la mer ?

—X—

EN CORSE

Donc, le vendredi matin je me réveillais à 8 heures, dans un bon lit, par un gai soleil printanier sur cette terre de Corse qui reste pour nous une terre étrangère bien que française.

En dépit de la traversée j'avais essayé cette nuit de faire honneur au splendide repas préparé par l'hôtelier, où sur une table couverte de lilas et de roses parfumées s'étalaient les fruits les plus délicieux et les plus attirants. Mais mon estomac tout délabré n'avait accepté qu'une assiette de fraises, délicieuses au sortir de nos hivers français.

Je fus un peu étonné de voir, en mettant le nez à la fenêtre, des camarades assez nombreux se hâter vers des cultures d'orangers et de cédratiers. Au diable les plantations. Je me replonge voluptueusement dans mon lit et je reste libre de rêver et de me remettre de mes émotions.

Par ce que j'entrevois du paysage à travers la vitre, la Corse apparaît bien, à Bastia, ce qu'elle est.

« Une île sauvage et accidentée, où la
« plupart des villes sont des nids d'ai-
« gles, où les habitants sont isolés. où
« les mœurs, comme la nature, sont fa-
« rouches, rudes et primitives. »

Et vraiment cette mer en furie défen-
dant cette île fermée à la civilisation,
ces côtes inhospitalières, sans communications entre la Corse et le monde,
tout s'harmonisait bien.

A contempler le crâne chauve de la
montagne par-dessus les maisons aux
façades blanches et aux volets verts, je
ne pouvais croire que cette île connue
des Romains fût seulement à 170 kilomètres de la France, de Nice la cosmopolite.

Comme la Gaule, comme l'Algérie et
la Tunisie, la Corse fut disputée par
tous les peuples du Midi. Elle appartint
aux Carthaginois puis aux Romains.
Plus tard elle passa sous la domination
des Goths, des Vandales, puis les Lom-
bards s'en emparèrent.. Les Papes la cé-
dèrent aux Pisans. Ses richesses culturales et sa position en face de l'Italie
attirèrent les Génois qui en prennent
possession en 1481, malgré la résistance
des Corses En 1768, la France l'acheta et
Napoléon et Paoli durent lutter contre les
Anglais qui voulaient en faire une nou-

velle Malte. En 1799, les Anglais en furent définitivement chassés et depuis la Corse, qui nous donne le meilleur de son sang, qui pourrait alimenter notre commerce et notre industrie, ne reçoit que des injures de la part de notre gouvernement. Tous les Corses ont présentes à la mémoire les paroles de Ruau et de Clémenceau en 1909 : « La Corse n'est qu'une pépinière de fonctionnaires (lisez fainéants). » Cela est vrai, car la Corse délaissée veut vivre et les représentants du gouvernement ne pensent à rien autre chose qu'à sortir de l'île où ils sont retenus prisonnires et seul, l'avancement fatal les y aidera.

La Corse mérite une visite à plusieurs points de vue.

Depuis la Révolution, sous l'influence des idées égalitaires répandues par l'école, le livre et la presse, les Français ont bien modifié leurs façons de penser et d'agir. L'unité, ou si vous le voulez, l'égalité semble vouloir régner en tout.

Avec les vieilles coutumes, avec les pratiques étranges de nos pères, s'en est allé le pittoresque du parler et du costume. Le milieu même où vivaient nos aïeux a subi cette influence. Bientôt il ne sera plus qu'un souvenir pour l'artiste épris des paysages.

Les ruelles étroites, rocailleuses, sombres, au cailloutis sonore sous le sabot de bois, les venelles qui se tordent parmi les logis enfumés, les façades embrunies par l'antan, font place à des avenues rectilignes, larges, aérées, lumineuses.

Les maisons branlantes, aux vitres verdissantes, aux encorbellements vermoulus, qui s'épaulent l'une l'autre, disparaissent devant les hôtels luxueux, élevés par le confort moderne.

L'électricité éblouissante a remplacé les torches fuligineuses, ou le couperon de cuivre qui éclairait de sa lueur vacillante les soirées familiales.

La nature elle-même n'a pas été respectée en notre doulce France. Pour mieux admirer la beauté grandiose de l'Océan ou de la montagne on construit des villas, on abat des forêts, on dresse des funiculaires ou l'on capte les cascades dans des turbines.

Aussi il est difficile de retrouver aujourd'hui sur notre sol français ce parfum charmant des époques disparues, souvenir des aïeux aux mœurs rudes et franches, dont se rit l'utilitarisme contemporain.

Cette individualité de la religion, de la vie, des coutumes, nous allons la retrouver intacte en Corse, chez nos compatriotes qui sont imprégnés de la nature sauvage qui les environne.

Car le Corse est un véritable produit du sol et du climat de l'île au point de vue physique et moral.

Isolée du continent, non par la mer et la distance, mais parcequ'elle n'est pas comme Malte ou les Canaries sur la route des steamers, la Corse est restée peu peuplée. En effet, 289.000 habitants seulement vivent sur les 879.000 hectares qu'elle comporte.

Aussi ce qui frappe au premier abord le voyageur qui parcourt cette ellipse longue de 180 kilomètres, large de 84, c'est qu'on ne voit point de villages, pas même d'habitations dispersées, comme les chalets ou les mayens de la Suisse et de la Savoie.

En compagnie de quelques gros centres, Bastia forme un contraste peu marqué il est vrai, avec l'intérieur de l'île.

— X —

BASTIA

Il faut quitter le lit, car nous ne voyageons point pour dormir. Un beau soleil nous invite à descendre en ville. L'horloge marque 8 h. ½ et déjà la chaleur se fait sentir. Vite mon camarade de chambre et moi nous procédons à notre toilette. L'eau fraîche déride le visage tout raidi par les embruns salés de la mer. L'estomac accepte le déjeuner et nous commençons la visite de la ville.

Bastia ressemble plus à un gros bourg qu'à une ville. Du premier coup d'œil, il est difficile de se rendre compte que l'agglomération de ses maisons étagées compte 20.000 habitants. Grâce au voisinage de Livourne, c'est un des ports les plus fréquentés de la Corse. Cependant la rade semble jouir d'une petite activité.

La plage moderne, la plage Saint-Nicolas, se recouvre d'hôtels tandis que dans le vieux port le pêcheur tire sur la grève sa barque à coque noire.

Nous allons au hasard, nous voici dans la vieille ville. Point de mouvements remarquables. Mais un cachet de pittoresque assez plaisant : des vieilles rues étroites et tortueuses, mal pavées, partent de la rue principale et s'accrochent aux rochers. Dans cette ville basse, Terra Vecchia, un entassement de maisons noircies et lézardées mélangées à des façades reblanchies à neuf, des fenêtres auxquelles pendent des guirlandes de hardes et de haillons. Plus bas, le vieux port avec sa flottille de barques, avec ses voiles grises, ses filets sans fin. La population y grouille dans de vrais taudis, les hommes revêtus d'un costume brun, les femmes sous un costume noir, la tête chargée du mezzano ou coussin qui protège le crâne contre les fardeaux.

Près de la Citadelle et de la Gare, autour du nouveau port, des constructions modernes forment la ville neuve, mieux aérée. Là sont les hôtels, les magasins, les boutiques ; là, on entasse les fleurs et les fruits dont la ville fait grand commerce.

Nous tournons le dos à la mer. La nudité des montagnes, l'aridité des rochers qui dominent la ville, nous étonnent. La blancheur de ces terrains fait contraste avec le bleu du ciel et de la mer. Aujourd'hui, les flots tumultueux qui nous ont portés, se sont tus. La vague vient mollement, régulièrement, s'échouer contre les digues qu'elle frange d'une écume blanche. Au loin, Caprojia, Pianosa, l'île d'Elbe surgissent des flots dans une silhouette estompée d'un voile bleu d'une tenuité extrême.

La promenade se poursuit à l'aventure. Mon ami et moi nous sommes étonnés de ne point entendre parler français dans ce département français. Le langage des habitants est un charabia sonore, mélangé de patois italien et corse qu'on ne peut comprendre. Et, cependant, voici un kiosque de journaux français. Heureux de pouvoir nous procurer des nouvelles de la France, nous achetons des gazettes vieilles de deux jours. Mais point de fait à sensatios, la vie en France se poursuit toujours aussi rude. La grève des dockers achève de ruiner Marseille au profit de Gênes et de Livourne. C'était prévu.

Mon ami aime les cigares. Il fait provision de tabac de zône et comme prime il reçoit un stock d'allumettes à faire crever de rage et de jalousie la douane et la régie. Un essai nous fait voir comme ça flambe et ça pétille. Ça réchaufferait le temps le plus froid. Heureux, les Corses qui ont du bon tabac pas cher et de bonnes allumettes.

Un magasin nous reçoit un moment. Il me faut un couvre-chef, le mien appartenant maintenant aux poissons. Pour 4 francs, je me munis d'un chapeau dont la résistance aux autans sera plus grande que la beauté de sa forme.

Mais nous sommes en Corse. Le grand

guerrier au petit chapeau chanté par Rostand, était Corse. Il n'est pas besoin de connaître l'histoire pour le savoir. Les rues, les enseignes, les places portent des noms évocateurs. Au reste, voici sur un quai une statue de l'Empereur drapé à la romaine. Pourquoi l'avoir représenté sous les traits d'un César romain, costumé de la toge, la tête ceinte de lauriers. La statue est prétentieuse mais elle n'a nul cachet artistique. Dans un square, accroché aux flancs de la Citadelle, la musique de la garnison répète ses morceaux avec entrain. Nous avons plaisir à revoir nos troupiers, les capotes bleus et les pantalons rouges.

10 heures. — La chaleur augmente. Une troupe d'enfants sort avec fracas du lycée et discute avec ardeur de la maturité d'oranges et de citrons qui pendent aux arbres d'un jardin voisin.

Tandis que nous bouclons nos valises et griffonnons quelques cartes postales, ce fléau de l'amitié, nos excursionnistes rentrent. Les paresseux descendent de leurs chambres. Les visages sont encore marqués des traces de la tempête subie. Mais l'appétit est féroce et le déjeuner subit un assaut fort dissemblable de la retraite de la nuit.

On nous servit l'inévitable « brocchio », fromage blanc, mou, acide, provenant du petit lait de chèvre et de brebis après production de beurre et de fromage. On additionne ce produit d'autant de sucre, on mélange au café noir et l'on a un mets délicieux. Mangé seul, ce que nous fîmes ce jour-là, la préparation ne nous ayant été donnée que plus tard, le fromage emporte la bouche et cause des sensations désagréables. La conversation roule sur les épisodes de la traversée puis sur l'excursion aux plantations d'orangers et de cédratiers.

L'oranger et le cédratier viennent très bien, donnent des fruits très savoureux mais l'Algérie et l'Espagne font une concurrence acharnée à ces produits et vendent en quantité sur nos marchés. Le limon, qui est susceptible d'être confit sous forme délicieuse, ne peut pas entrer dans la consommation française. Affaire de mode. Notons cependant qu'en Sicile un bois de citronnier se loue 4.200 fr. l'hectare : un bois d'oranger, 2.000 francs. La Corse ne pourrait-elle pas réussir à atteindre ces prix?

Ces arbres à fruits croissent à merveille sur le sol argilo-silico-ferrugineux de la campagne de Bastia. Les cédratiers sont greffés sur Bigaradiers. Les fruits se vendent 0 fr. 75 pièce et chacun confit ce qu'il ne vend pas. La récolte a lieu de novembre à janvier. Les fruits du citronnier se vendent 12 francs le cent et l'arbre est planté à 4 mètres en tous sens. Un hectare donne de 10.000 à 12.000 fruits soit 1.000 à 1.200 francs de produit brut. Un hectare de mandariniers donne le même produit mais la fumagine et la cochenille sont des ennemis redoutables pour ces vergers. Les oliviers et les chênes-lièges sont aussi exploités mais l'Algérie, l'Espagne et l'Italie les jalousent fortement.

L'olivier serait la richesse principale de la Corse. Jadis les négociants de la Provence venaient s'approvisionner en Corse. Le kilog d'huile d'olives valait 1 fr. 50 ; aujourd'hui on ne le paie plus que 0 fr. 60. Les huiles d'oléagineux exotiques, l'addition d'huiles de graines, les procédés primitifs d'extraction sont la cause de cette déchéance. Un arbre donne en moyenne 63 kilogs d'olives sur plant greffé.

Le liège est enlevé sur les chêneslièges tous les 10 à 12 ans ; il a peu de qualité mais il vaut encore 15 à 25 francs les 100 kilogs. Aussi l'Etat devrait-il encourager l'arboriculture qui est suscep-

tible de bons rendements et s'accorde
avec l'esprit du Corse qui n'aime guère
à travailler manuellement. La culture
intercalaire de primeurs, à l'instar de la
Provence, ajouterait un revenu impo-
sant au bénéfice apporté par les fruits
et le liège.

—X—

VERS CORTE

Le déjeuner terminé, nous nous rendons à la gare où le train de 12 h.04 nous
prendra pour nous cnoduire à Corte,
dans le centre de l'île. La ligne est à
une voie, les wagons petits, à huit places. La rapidité du convoi n'est pas
considérable d'où facilité absolue de
contempler à l'aise les paysages. La
chaleur est suffocante, nous nous mettons à l'aise en quittant nos vestons
sans plus de cérémonie et nous passons
la tête à la portière. Le train part.

De Bastia à Corte, la voie ferrée s'é-
lève en de multiples lacets pour racheter
les pentes. Nous partons du bord de la
mer pour traverser ce grand plateau
accidenté qu'est la Corse. Aussi le sol, le
climat et la végétation se succéderont
différents.

A l'ouest, où nous nous trouvons en

ce moment, le sol est formé de laves, basaltes, granites, d'origine volcanique ; à l'est, c'est le calcaire qui domine, formé au sein des eaux puis émergé par un mouvement du sol. Les minerais de fer, de plomb, de cuivre, abondent, de même que les marbres et les roches précieuses. Mais la Corse s'endort sur ses trésors. Un abîme sépare la Corse de la Provence. Au contraire, la Toscane continue le sol italien en se reliant à la Corse par un plateau sous-marin d'où l'explication des tempêtes qui, comme hier encore, font une mer démontée à chaque saute de vent.

La Corse a plusieurs climats, suivant l'altitude que l'on observe. Dans la zône littorale, de 0 à 600 mètres, la température moyenne de 17° fait d'Ajaccio un centre d'hivernage ravissant. Il n'y pleut que dix jours sur les six mois d'hiver. Aussi nous y verrons fleurir l'agave, le figuier, le cactus, l'oranger, les cistes, les myrtes et l'eucalyptus. Mais dans les basses terres règne la malaria. De là le séjour d'été que les citadins et les habitants des côtes font dans la haute montagne, au-dessus des forêts.

De 600 à 1.200 mètres, c'est la zône tempérée, domaine du chataignier et royaume de la chèvre. ces deux grandes ressources de la Corse. On y trouve le hêtre, le pin maritime. le chêne vert et le houx. Mais le mouton y cause de grands dégâts sans compter les ruines amenées par la pratique de brûler les arbrisseaux pour créer des herbages, et des pâturages aux troupeaux.

Dans la haute montagne, au-delà de 1.200 mètres, nous rencontrerons le genevrier nain, le saule. le rhododendron, le daphné. Là règnent les brouillards ; l'air est vif. la neige persiste, le vent souffle glacial.

La Corse a donc un aspect tout spécial, et pour tous les voyageurs elle a un faciès sauvage qui captive et séduit.

Déjà, au sortir de Bastia, elle se présente à nous, telle que l'a décrite un de ses amants les plus enthousiastes : « Figurez-vous un monde encore en « chaos, une tempête de montagnes que « séparent des ravins étroits où roulent « des torrents, pas une plaine, mais « d'immenses vagues de granit, cou- « vertes de maquis, ou de hautes forêts « de chataigniers et de pins. C'est un « sol inculte. désert. Point de culture, « aucune industrie, aucun art. »

Nous longeons la mer dès que nous avons passé le *Tunnel de la Teretta.*

Entre la mer et la voie, des macchie de cistès, d'asphodèles, de myrtes, d'où s'élève un parfum complexe mais des plus pénétrants et tout à fait spécial. Ce macchie, quelle désillusion pour moi. Je ne sais plus et je n'ai peut-être jamais su comment je me le représentais. Mais il ne m'a pas produit l'effet attendu. O Mérimée, tu l'avais trop poétisé.

Ce fourré où pénètre l'homme et le bétail est peuplé de clairières et cette végétation arbustive n'a rien de redoutable. Elle cache plus de merles chers au général Galliéni et à Emmanuel Arène que de bandits. Mais ses belles bruyères blanches, les hampes des asphodèles, la brise caressante dont Napoléon était imprégné puisque les yeux fermés il reconnaissait la Corse à son parfum, tout ceci fait peu à peu rentrer en grâce, près de moi, le macchie des Nouvelles, le macchie des vendetta.

Dans les endroits où le sol est moins pierreux, des aloès énormes, des oliviers plus verts et moins décharnés que ceux d'Italie, des eucalyptus recouvrent les côtes qu'effleure la vague bleue. Dans le sous-bois, les oxalis montrent leurs fleurs jaunes. Nous franchissons des torrents étroits dont le lit est recouvert de galets. Sur la droite, dans le fond des vallées, quelques cultures de céréales et de vignes. Dans les champs les mieux tenus, de jolis alignements d'orangers et de mandariniers. Mais l'agriculture est peu prospère.

Les procédés de culture sont primitifs. Le battage du blé se fait par dépiquage sous le pied des mules. Le fléau est inconnu. Tout travail se fait à la main et l'on opère les labours à la bêche.

Le Corse consent à garder les chèvres et les moutons, à soigner les abeilles, à élever les chevaux, à préparer les fromages et à ramasser les olives et les chataignes. Mais il lui semble indigne d'un homme libre de féconder le sol avec sa sueur. Il n'est pas étonnant que 27 % de la surface totale soient seulement cultivés.

Les 80.000 hectares de céréales ne nourrissent pas la Corse. Le fourrage manque souvent. Les 250.000 hectares de pâturages sont mal soignés et il faut lâcher le bétail dans le macchie pour l'empêcher de mourir de faim. Les 13.000 hectares de vignes pourraient se développer et le rendement de 12 hectolitres à l'hectare être largement dépassé. Le Corse se refuse au travail du sol. Les Lucquois y viennent faire les travaux au prix de 1 fr. 50 par jour.

Les Lucquois, dont le nombre atteint 30.000 en Corse pendant la période des travaux, campent à même le sol. Pas de tente, pas de cabane ni de ferme. Sur un foyer champêtre bout la marmite pleine de maïs ou de bouillie de chataignes. A côté, une gourde pleine d'eau, voilà le lieu de réunion.

Au reste, pas de maison de culture comme en France. Les animaux vivent dehors et les humains s'entassent par familles dans de hautes maisons sans ordre, juchées comme des forteresses sur des escarpements ou blotties parmi les rochers.

« En Corse, comme en Sicile et à Na-
« ples, on trouve cette imprévoyance
« qui est la marque des peuples sobres
« vivant sur une terre riche. » Mais le Corse, comme le Sicilien, a la fierté qui contraste avec la mendiante obséquiosité de l'Italie du Sud. Y aurait-il dans chaque Corse un bandit qui sommeille ?

Le sol devient plus accidenté et le train qui va, piano, son chemin nous promène dans le macchie. Les nuages se perdent déjà dans les arbres des hauteurs, tandis qu'au milieu des champs de fougères les églantiers montrent leurs fleurs rosées et que les bruyères géantes se couronnent d'une auréole blanche. Sous bois, un tapis de cyclamens étale une floraison dont le coloris se détache vivement.

Sur les sables qui forment les apports des torrents, nous voyons quelques vignes bien chétives, vignes qui cependant doivent avoir un retentissement énorme sur l'évolution du droit de propriété. Car l'aîné seul détient le bien familial. Le reste appartient plus ou moins vaguement aux Corses en général. Le Corse en est encore au type social basé sur la simple récolte mais dans l'idée confuse qu'il s'est fait du droit de propriété, il a fini par accepter la plantation des vignes et la culture des céréales par les colons. Ce ne fut pas sans luttes très ardentes.

Dans les gorges exposées aux rayons du soleil, les plantations d'oliviers s'étagent en terrasses. Mais là où le vent de la Corse, le « bibeccio » est violent, il ne pousse que myrtes, asphodèles et fougères.

La forêt, composée de boquetaux peu productifs devrait gagner du terrain. La Corse renferme de nombreux terrains propices à la végétation forestière mais l'incurie de l'Etat et l'apathie des habitants ne travaillent guère à aider le reboisement. Cependant nous voyons dans les gares des mulets chargés de blocs énormes de bois de chataigniers ou de hêtres.

Nous longeons la *Plaine de la Mariana*, formée par les atterrissements du *Golo* et des petits fleuves corses. La voie, établie en tranchées, permet de voir que le sol est constitué de cailloux roulés, de fragments de granit, de morceaux de basaltes et de porphyre.

Aux flancs des montagnes, des fumées indiquent des habitations. Ce sont de grossières demeures en pierres sèches, recouvertes de mottes de gazon, bâties sur les terrasses escarpées des torrents. La pierre de la batisse se confond avec le sol, même dans les hameaux où sur les murailles lézardées, la lessive se balance suspendue à une ficelle. Point de routes pour accéder à ces demeures. Il faut utiliser des sentiers de mulets à peine taillés, tracés sur des rochers glissants.

Voici que nous apparaît, conduisant un troupeau de porcs noirs, très élevés sur pattes et à groin très allongé, un type inénarrable de porcher dont le costume et l'allure nous rappelle le Paysan du Danube, de La Fontaine : une chevelure longue, mal soignée, un vêtement en poils de chèvre, « le pelone », des bottes à revers de même toison, une toque pointue dont les poils se mêlent aux cheveux du propriétaire, font de ce paysan corse un double de Robinson Crusoé. Notre homme se présente sous un aspect fort rébarbatif. Peu soucieux de l'esthétique, mais probablement versé dans l'art de s'habiller de façon pratique, notre porcher a précédé les automobilistes dans l'art de se vêtir avec goût.

Le porc, comme le mouton et la chèvre, joue un grand rôle dans l'économie domestique du Corse. Bien souvent chacun se contente à une époque donnée, la même pour tous, de lâcher ses porcs dans le macchie. La bonne nature nourrit l'animal que guide l'instinct. Plus tard, on va battre le macchie où l'animal s'est reproduit et s'est croisé avec les sangliers. La rentrée des animaux ne va pas sans chicanes, batailles et coups de fusil.

Ces porcs, à robe fauve, au profil droit, à soies longues, donnent peu de viande mais leur chair est très savoureuse. Le croisement avec la race Berkshire, donne des métis du poids de 250 kilogs, dont la boucherie apprécie les produits.

A Francardo, les vignes sont très bien

soignées et tuteurées sur des échalas en bois de chataignier comme nos vignes champenoises.

Nous longeons le Golo qui dévale dans un ravin étroit aux eaux bien claires, sur des schistes verts qui le font rejaillir en petites cascades. Les oliviers, les chataigniers, les cistes s'étagent dans le même ordre, selon l'altitude et le climat.

Ponte-Nuovo nous rappelle la défaite des troupes corses de Paoli, en 1769, par les Français.

A *Ponte-Leccia*, on commence à exploiter le minerai de cuivre très abondant aux environs.

A tout instant, le sifflet de la locomotive retentit, le train ralentit, puis stoppe. Des ânes galopent sur la voie. Pour les rendre au maquis, le mécanicien darde sur eux le jet de la vapeur d'échappement d'où une course rapide des maîtres Aliborons.

De temps en temps une bergère, fusil au dos, surveille un petit troupeau de moutons. Les moutons corses sont de faible taille, 0 m. 50 à 0 m. 55 ; ils pèsent 15 à 20 kilogs. Leur toison est ouverte, incomplète ; la laine grossière et droite, longue, à mèches pointues. A la boucherie, ces moutons ont un rendement de 15 à 18 livres de viande nette.

Leur profil est subbusqué, les membres fins et courts, les cornes fortes. La toison est brune, souvent noire. Types de moutons insulaires et montagnards, les zootechniciens les placent à côté des moutons bretons, gallois et auvergnats. Leur régime est la transhumance ; en été, ils vivent sur les plateaux du Niolo, en hiver, dans les prés salés. Le lait des brebis sert à fabriquer du fromage identique au Roquefort et le Brocchio. La clavelée est très rare dans les troupeaux.

Depuis quelques années, de nombreuses fromageries se sont établies en Bologne et en Casinca. Elles achètent le lait 0 fr. 20 et 0 fr. 25 le litre. Les brebis donnent du lait pendant six mois, de novembre à juin, à raison de un demi-litre par jour, soit 3 francs par mois ou 18 francs par an.

Un agneau, tué 15 jours après sa naissance, pèse 6 livres et se vend 0 fr. 35 la livre à Nice, soit 2 fr. 25 pièce. La peau de l'agneau se vend 1 fr. si elle est noire, 0 fr. 50 ou 0 fr. 75 si elle est blanche. Ce qui donne comme bénéfice sur une brebis : Lait, 18 fr. + agneau, 3 fr. + 1 kilog de laine, 1 fr. = 22 fr. Notons que la brebis pleine, achetée en juillet, vaut 11 francs. L'achat des pâturages coûtant 8 francs par tête et par an, une brebis rend 11 à 13 francs par an. C'est un joli produit pour une aussi petite bête. Bien sélectionné au point de vue laitier et au point de vue bête de boucherie, le mouton corse peut concurrencer le mouton algérien sur le marché de Marseille et de Paris.

A Omessa, nous examinons du haut du wagon des vignes bien tenues, plantées en plant noir de Corte, cépage à grappe moyenne qui mûrit en août et donne un vin estimé. Le vignoble cultive aussi un muscat blanc qui produit un vin musqué.

Avec la chèvre, le mouton est le maître de la culture corse. Et l'on a pu voir des bergers envahir les champs, brûler les récoltes pour donner de l'herbe nouvelle à leurs troupeaux. De là les essais infructueux de reboisements soumis au feu et à la dent des chèvres. Nous nous amusons aux ébats de ce bétail capricieux. Les chèvres barbarines se rencontrent dans toutes les vallées fertiles. Du poids de 32 kilogs, elles donnent 15 k̄. de viande nette et la chair du chevreau est très goûtée des Corses. Le moufflon a presque disparu, c'est fort dommage, car cet animal peut être domestiqué.

Sur les montagnes du Centre, aux environs de Corte, la chèvre des Alpes à robe fauve foncée, broute une herbe rare mais succulente.

Une succession de rampes, de viaducs, de ponts et de tunnels nous rapproche de Corte. Les oliviers s'espacent, sur les terres où devraient croître les céréales alors qu'eux-mêmes devraient partager avec les vignes les pentes et les terrasses. Mais le Corse n'aime pas le travail manuel. Affable, complaisant, hospitalier, il est paresseux et ennemi du progrès. Il va à cheval ou à mulet, jamais à pied, chevalier fier et noble comme un preux antique, fusil au dos, vêtement en laine grossière sur le corps. Il vit pauvre sur un pays de cocagne et reste inerte tant qu'une question d'honneur ne le tire pas de son inertie. Mais il sait utiliser les Lucquois, sa femme et ses bêtes de trait.

Nous croisons des groupes de petits chevaux corses qui, surchargés par leurs fardeaux, vont d'un pas guilleret par les sentiers des chèvriers. Ces poneys trapus, sous leur poids de 350 kil. et leur taille de 1 m. 35, ont une crinière abondante et une queue bien fournie de poils. Les extrémités de leurs membres sont d'une grande finesse. Leur robe est noir mal teint et l'on voit rarement des chevaux alezans. Semi

sauvages. ces vaillantes petites bêtes
sont dociles et vives. C'est fort dommage
que leur ferrure laisse trop à désirer.
Notons que le mors est presque introuvable dans les harnais. Avec les mulets
bai-bruns, ils servent d'animaux de bât.
Et l'on voit des paysannes perchées au
sommet d'un amas de charges deviser
gaiement entre elles tandis que les
coursiers se livrent à un alpinisme des
plus épuisants. Bien souvent la châtaigne et l'herbe du maquis remplacent
l'avoine et le foin dans les rations.

De lacets en lacets, de gorges en ravins, nous finissons par atteindre Corte.

— X —

CORTE

La ville se présente sous un aspect
séduisant. Disposées en escaliers sur un
rocher étroit, les maisons se dressent
les unes au-dessus des autres. Le fond
du décor est formé par des parois
abruptes que dominent dans le bleu du
ciel des pics neigeux qui étincellent
sous les derniers feux du soleil couchant.

Au premier plan, au bas de la ville,
coulent les eaux sonores et transparentes
du Tavignano et de la Restonica. Au-

delà de la ville, entre celle-ci et la montagne, au haut d'un escarpement très élevé, la citadelle qui enferme dans ses murs une petite garnison.

L'air est plus vif qu'à Bastia car nous sommes à l'altitude de 400 mètres et nous éprouvons le besoin de dégourdir nos jambes. Nous confions donc nos valises, non sans arrière-pensée, à une vieille patache délabrée qui ferait le bonheur d'un antiquaire et dont la charpente se soutient sur les roues par un prodige d'équilibre ou par un reste d'habitude.

L'équipage qui la traîne serait pour un poète réaliste la source des plus curieuses inspirations. Les deux mules étiques, fourbues sont ornées de toutes les tares et de tous les défauts d'aplomb imaginables. Aussi la carriole nous procure-t-elle une douce gaieté qui choque le conducteur.

Nous quittons l'enceinte fortifiée, les murs crénelés et les fossés dont on a entouré la gare du côté de la ville. Nous longeons les hautes et froides murailles d'une maison de détention. Parmi les prairies qui s'étendent jusqu'au torrent, chacun herborise et fait ample récolte de plantes spéciales à la Corse. Puis nous franchissons le pont jeté sur le

Tavignano qui baigne le rocher de Corte. Nous contournons la montagne et nous entrons dans la ville. Aspect misérable, rues étroites, mal pavées, maisons empuanties, hautes mais resserrées, l'impression que nous donne la visite de Corte différe de celle ressentie à la sortie de la gare. La propreté semble inconnue, les lieux d'aisances, les fontaines, les lavages à grande eau n'existent point. Aussi une odeur ammoniacale nous saisit et nous cause des nausées. Comme la plupart des chambres de l'unique hôtel sont occupées, nous logeons chez l'habitant. On nous conduit, deux camarades et moi, dans une maison particulière. Nous longeons des couloirs étroits et obscurs où nous poursuit la puanteur et nous nous réfugions dans des chambres à peu près convenables. Nous pratiquons des ablutions bienfaisantes, ouvrons toutes les fenêtres pour profiter de la brise autrement parfumée qui arrive par-dessus les maquis et nous entreprenons de parcourir les environs de Corte.

Une rue très longue partage la ville en deux et monte jusque sur le rocher que couronne la citadelle. Par le bas, la rue est large, bordée de trottoirs. Dans le haut, après la place Paoli, elle devient étroite, accidentée et tortueuse. La vie y semble triste. Nous descendons vers le cours inférieur du torrent. La route est bordée de magnifiques peupliers ; tout près, parmi des jardins bien tenus (chose assez rare à Corte), de jolies villas s'étagent en gradins, sans doute propriétés de riches bourgeois de la côte qui viennent l'été respirer l'air plus pur de la montagne. Nous croisons les femmes et les jeunes filles qui vont à la fontaine, la cruche en terre cuite ou le récipient en fer blanc sur la tête.

Une gendarmerie, qui n'a rien d'esthétique et dépare le paysage, indique la fin de la ville.

Nous désirons voir de près la composition des pâturages et du maquis. Nous commençons donc l'escalade des contreforts montagneux qui dominent Corte et la route. La pente est rapide, le sentier à peine tracé et rocailleux. Les pâturages ne sont pas fameux. Indolent, le Corse laisse croître les cistes et les asphodèles qui n'attirent pas l'appétit des troupeaux alors que le schiste déchiqueté permettrait l'établissement de bonnes prairies de fauche. Tout au plus s'est-il contenté de ramasser les plus grosses pierres pour en faire des clôtures indécises et croulantes. Un peu partout, parsemés, des oliviers et des chênes verts. Dans de rares endroits, des petites vignes bien tenues, établies en terrasses, dressées sur fil de fer ou le long d'échalas de châtaigniers. La taille y est spéciale ; un gobelet à trois brins dont deux taillés à deux yeux et un à long bois. Les ceps sont plantés à 1 m. × 1 mètre ou 1 m.50 × 1 m. 50.

Nous poursuivons notre petite ascension. L'air frais du soir se fait sentir de plus en plus vif. Cette brise qui souffle de l'intérieur, emportant avec elle les parfums du maquis, commence à nous causer un violent mal de tête. Aussi, tandis que deux collègues livrent un assaut en règle à un énorme rocher, L..., un autre compagnon de voyage et moi nous redescendons vers Corte, les bras chargés d'inflorescences d'asphodèles. Le soir, à table d'hôte, l'un des deux grimpeurs de rocher, qui se vante un peu d'avoir couru de grands dangers, se voit gratifié du surnom de Petit Tartarin et devient l'objet de railleries générales, ardentes, mais sans méchanceté.

La descente vers la ville est plus difficile que la montée. Le schiste est glissant et le gazon menu ne peut retenir notre élan. Après bien des efforts, nous atteignons Corte au moment où survient un convoi funéraire. Nous avons ainsi l'occasion de juger des mœurs corses. Derrière le cercueil marchent des pleureuses qui ont composé au domicile du défunt des voceros exaspérés où sont rassemblés les interpellations au défunt, les récits de ses faits et gestes, les traditions populaires sur les morts et leurs relations avec les vivants. Car on est très superstitieux en Corse et la croyance aux revenants et aux esprits n'est point près de s'éteindre.

Les obsèques terminées, le peuple se répand dans la rue. Chacun va prendre le frais. Au reste, les boutiques ferment à 6 heures. Pas plus du côté masculin que du côté féminin, nous ne voyons de beaux types. Le Corse est un montagnard petit mais solide, trapu, au regard étincelant. De plus, la coutume corse ne tolère point qu'un étranger lève les yeux vers une femme. N'essayons pas car une altercation serait vite engagée et finirait par un coup de poignard ou par une balle.

Comme l'Arabe, comme l'Ecossais de jadis, le Corse vit en clans, en pasteur qui profite des fruits du sol. Un seul lien social, le serment ; une seule loi, l'honneur, des mœurs archaïques du 14e et 15e siècles, la crainte des gramanti ou esprits du brouillard, des stryges ou vampires, des acciatori ou assassins, la soumission aux sorcières. la puissance de la jettatura font du peuple corse un peuple spécial. La femme est esclave mais domine le maître et bien souvent elle est la cause de terribles vendetta.

La nourriture, comme les coutumes, est simple, laitage, viande fumée ou salée et bouillie de châtaignes.

Il faudrait, sur le continent, parcourir les Cévennes pour retrouver pareils usages.

Nous nous asseyons à la terrasse d'un café où nous nous désaltérons tout en envoyant des cartes postales aux parents et amis. A 7 heures, le groupe se reconstitue autour de la table d'hôte. Et une voix autorisée par l'expérience avertit la jeunesse des dangers des passions amoureuses en ce pays où l'on regarde encore le Français comme un étranger. Il faudra donc éviter de conter fleurette aux fillettes Corses même en badinant.

Un tour au café-concert du lieu avant d'aller se coucher. Bien piteux, le café ; encore plus piteuse la scène. Une femme chante à fendre l'âme, fait une quête, récolte de quoi s'offrir une tasse de café, se fait servir la consommation et s'assied en attendant la fermeture ! !

Du côté décor, la toile centrale représente un chien assis sur son train arrière, au milieu du ciel bleu, au-dessus des hirondelles posées à terre ! Nous en avons assez vu et entendu. Chacun court se coucher bien que 9 heures n'aient pas sonné.

—X—

VERS VIZZAVONE

Samedi, 4 heures 15 du matin. — Le garçon d'hôtel parcourt la ville et va à domicile réveiller la caravane. Il faut se lever. Chacun s'inquiète de ses amis car les relents qui s'exhalent des abords de Corte font craindre des accidents. Mais, heureusement, à l'appel, tout le monde est présent. Les lits étaient bons, on s'est bien reposé.

Le déjeuner consommé, l'on se rend à la gare. Le ciel est parsemé de nuages, nous avons peur que le beau temps nous fasse défaut. A 5 heures, nous prenons le train pour le col de Vizzavone, dans la direction d'Ajaccio.

Les heures sont brèves et nous ne pouvons point nous rendre au Cirque du Niolo par les célèbres défilés de la

Scala di Santa-Regina. Cette route est la similaire du passage du Grimsel ou du Trient. Et au-delà du désert et du chaos de pierres. le touriste est fort surpris de rencontrer de vastes forêts où l'on fabrique de la poix, et de gras pâturages où paissent de nombreux troupeaux. Le bétail bovin y est remarquable. Du poids de 400 kilogs, les bœufs ont une robe fauve à extrémités noires, à poil long et grossier. Ils portent des cornes en croissant à section circulaire. On les emploie au labourage et aux transports. Les vaches sont mauvaises laitières et donnent 5 à 6 litres au plus, mais la chair est savoureuse, l'animal n'étant jamais trop gras. Il y aurait fort à faire en matière de sélection.

De Corte à Vizzavone, la voie ferrée s'élève sur le flanc des montagnes en décrivant des courbes multiples. Car Corte est à 400 mètres d'altitude et Vizzavone est bâti à 600 mètres.

Le panorama est magnifique. A droite et à gauche un lacis de gorges sauvages, de ravins étroits, de brèches parmi les rochers de schiste et de granite, des torrents qui bondissent en cascatelles, peu ou pas d'habitations. C'est la nature encore ignorée, inexploitée, la vraie nature dans toute sa beauté.

Au-dessus, des pics qui pointent vers le ciel, le *Monte-Rotondo* dresse ses dômes recouverts d'une housse blanche. Nous remontons la vallée du Golo. Entre Corte et Venaco on cultive un peu les céréales et la vigne y croit encore sous les soins des Lucquois.

A Venaco, le paysage forme une symphonie en noir. Plus on s'élève, moins on rencontre de cultures et la pierre montre son échine bosselée parmi la verdure des maquis.

A Vecchio, le sol est tourmenté, creusé, raviné, coupé. — Il semblerait qu'une déchirure, qu'un arrachement du sol s'est produit sous des forces effroyablement puissantes. L'aspect du terrain défie toute description. C'est un chaos formidable.

A Vivario, 616 mètres, les pins Laricios ne croissent plus. Le chataignier, le chêne vert et le pin maritime se rencontrent trop rares, hélas. Ici commence la grande chataigneraie corse. On a pu dire que la Corse devait tout au châtaignier et à la chèvre, mais l'indolente pauvreté de l'habitant finira bientôt par détruire ce qui pourrait être sa principale richesse. Les usines à acide gallique consomment 35.000 châtaigniers par an, arbres centenaires que

ne remplace pas le paysan. Et pourtant
le châtaignier est une source de revenus
par son bois et ses fruits. L'aire qu'il
peuplait jadis se rétrécit chaque jour et
l'époque est prochaine où dans les vallées fraîches de la Castagniccia et de
l'au-delà des Monts on ne trouvera plus
un tronc de châtaignier debout. Cependant cet arbre convenait fort bien à la
population. Car, sous son ombrage,
l'herbe croissait avec assez de vigueur
pour qu'on put la faire dévorer par le
bétail.

Utile aux habitants, le châtaignier
s'harmonise fort bien avec le paysage et
à chaque instant on s'attend à voir sur-
gir derrière son fût puissant un bandit
qui a gagné le maquis.

De lacets en lacets nous arrivons au
point culminant de la ligne de Bastia à
Ajaccio. Le train s'arrête à l'entrée du
tunnel qui franchit les contreforts du
Monte-Cinto sous le col de Vizzavone.
Notre wagon est déposé sur une voie de
garage. Nous y enfermons nos bagages.
Puis Barnum va commander le repas à
l'hôtel tandis que nous montons vers le
col. Car on y jouit d'une vue superbe
par-dessus le massif forestier qu'a créé
l'Etat.

—X—

VIZZAVONE

Le temps se gâte, malheureusement. Il tombe du ciel un mélange de pluie et de neige qui a fortement refroidi la température. Nous nous engageons sur un sentier qui évite les premiers lacets de la route. Le sol de la forêt est jonché de neige et aux branches des immenses pins se balancent de gros flocons blancs. Nous atteignons la grande route qui nous conduira au col et au hameau de Vizzavone. A droite et à gauche, s'étend l'immense forêt de 1.380 hectares, peuplée de hêtres et de pins laricios de Corse. Ce résineux, qui croît très bien sur la roche, forme un peuplement serré. Aussi les arbres y atteignent des hauteurs de 30 mètres sur 3 mètres de diamètre. Le pin croît lentement mais longtemps, aussi le bois est parfait, dur, résineux et résistant. On l'utilise dans les constructions navales et dans la fabrication des traverses de chemin de fer. A voir les Laricio plantés en Champagne, je n'aurai jamais cru cet arbre capable de donner d'aussi beaux fûts. Le Laricio s'élève aux altitudes suivantes, de 900 à 1.000 mètres au Nord, de 1.700 à 1.800 mètres à l'Est du Monte-d'Oro.

Vizzavone, bien menu sous ses 8 ou 10 maisons en planches et quelques hôtels qui reçoivent, dès le 15 juin, les fonctionnaires et la haute société d'Ajaccio, Vizzavone disparaît dans la forêt. La neige tombe drue, l'air plus vif fouette le visage. Nous hâtons le pas. Nous traversons le hameau de la Foce, noyé dans un massif de hêtres et de trembles, au dessus du Laricio. Puis apparaissent l'églantier, le houx, le daphné et les ronces. La végétation arbustive, à défaut des grands arbres, lutte encore contre l'âpreté des vents, l'altitude et la stérilité du sol. Dans une dernière zône, le genévrier nain, rabougri, s'étale en petites masses sombres sur la roche dénudée. Sur les brindilles du soutrage, les botanistes font une ample collection de lichens et de champignons aux formes étranges, tandis que les plus indifférents font des bouquets de cyclamens et de crocus vernes. Nous escaladons— de nombreux éboulis formé par les avalanches printanières et nous arrivons au sommet du col. Deux grands sommets de la Corse, dominent l'étroit et sauvage défilé : le *Monte-d'Oro*, 2.391 mètres et le Monte-Cardo, 2.454.

Depuis Vizzavone nous apercevions au-dessus de la forêt, surveillant le col, juchée entre les deux montagnes toutes blanches, une construction massive, mi-maison mi-forteresse, brunie par les autans. Nous voici devant elle. C'est une vieille forteresse construite par les Gênois quand ils occupaient l'île. Nous grimpons un escalier de pierre jusqu'à la plus haute fenêtre. Si les nuages qui montent et descendent par le col disparaissaient, sans nul doute, nous aurions sous les yeux un panorama immense. Comme le ciel semble vouloir s'éclaircir, nous restons un peu à notre observatoire et nous prenons force clichés de cette région pittoresque. Quand les retardataires sont venus près de nous, le temps n'a pas changé et l'heure du retour a sonné. Nous allons nous diriger vers le petit point blanc que la station de Vizzavone forme plus bas dans la verdure. Nous redescendons sans nous presser mais assez rapidement en raison de l'inclinaison de la route qui est fort bien entretenue. Quelques camarades emplissent leurs poches de bulbes de cyclamens, tandis que d'autres s'amusent à rassasier d'insectes, assez rares ici, la dionée attrape-mouche, cette curieuse plante carnivore.

A 11 heures, nous nous mettons à table. Les estomacs sont vides et chacun a fort bon appétit. Rien de tel qu'un peu d'alpinisme pour exciter à bien manger. Nous nous attaquons à un saucisson du pays, fait de viande d'âne et de mulet dont la dentition du lion seule aurait raison. Les grimaces des intéressés devant ce mets local furent des plus réjouissantes. Heureusement que de bons plats de viande fumée et que le délicieux brocchio récompensèrent nos efforts. Vu la saison, il nous fut impossible de goûter des truites des torrents dont on dit merveille.

A midi 04, nous avons regagné notre wagon pour descendre sur le versant ouest de la Corse, vers Ajaccio.

—✗—

VERS AJACCIO

Nous entrons dans le tunnel de Vizzavone qui nous apparaît comme un long couloir incliné au bout duquel dansent, dans un petit point brillant, des paysages tout différents de ceux que nous avons visités.

En effet, la descente commence parmi les châtaigniers. Faut-il que ces arbres soient délaissés à ce point ? Le sol est raviné par les pluies, les souches et les fûts s'entrecroisent lamentablement, arrachés, brisés tordus. Ailleurs, les usines d'acide gallique ont mis à nu la roche, créant un danger très prochain et pour la culture des vallées et pour l'habitant obligé de mourir de faim. Car les céréales sont très rares dans ces contrées montagneuses. Sous la forêt de châtaigniers s'étage le macchie, le véritable macchie, qui cache dans ses ravins les grands bandits de la Corse. Nous ne vîmes point de ces terribles chevaliers de la vengeance, mais, non loin de *Bocognano*, nous pûmes voir les terrains où les Bellacoscia se rendirent de terribles comptes.

A *Ucciani*, nous sommes tombés de 1.145 mètres à 371 mètres. Le convoi file à toute vapeur. Les cistes ont disparu et les grands genêts à balais que nous rencontrons en forêt d'Argonne ont pris leur place. Les oliviers se mélangent aux chênes verts. Le paysage devient plus lumineux.

A *Carbuccio*, les pâturages font de petites clairières parmi les fourrés du maquis. Et la vallée de La Gravoue semble se resserrer pour laisser un étroit passage à la route et à la voie ferrée.

L'irrigation, car l'eau abonde, pourrait faire naître de belles et riches prairies. Mais les habitations humaines sont

rares. La moisson faite, ce champ de
l'or reste vide. Il serait bon d'assainir la
plaine avant de la cultiver.

A *Mezzana*, nous atteignons la plaine,
car l'altitude du village n'est que de 56
mètres. Les cultures se développent, les
prairies sont bien entretenues. Dans
cette contrée existent des sources chaudes sulfurées sodiques qui attirent des
malades de toute la Corse. Déjà la Malaria règne dans les terres caillouteuses.
Une pente douce vers la mer, parmi les
asphodèles, les cistes, les cactus, les oliviers, les aloès, les chênes-liège et les
eucalyptus nous a vite amenés vers une
jolie baie bleue que bordent des maisons
blanches à tuiles rouges, parmi la verdure. *Ce pourrait être Naples, c'est
Ajaccio.*

—✖—

AJACCIO

Il est trois heures de l'après-midi
quand nous descendons du train. Mis
en bonne humeur par le beau temps,
nous confions nos bagages à l'omnibus
et nous nous rendons à l'hôtel par le
chemin des écoliers. Nous traversons
donc complètement la ville puisque
l'hôtel est au bord de la mer, sur la
place Diamant, à l'extrémité opposée.

Ajaccio tient de Naples et de l'Italie. Mollement étendue sur une langue de terre, au bord d'une mer bleue, face à des montagnes aux contours reposants, elle a l'attrait de Naples. On y ressent la même douceur de vivre et la nature y inspire la même langueur. Sa baie de plus de 50 kilomètres de tour pourrait, comme la baie de Naples, se ceinturer de villages et de jardins, car le climat y est des plus doux et la marée ne s'y fait pas sentir. Pour le moment, quelques vapeurs marchands font flotter leur vapeur bleuâtre, tandis que les balancelles des pêcheurs rident la surface de l'eau de petites vagues blanches. Et auprès du spectacle ravissant d'une nature riche, bien douée, splendide, le modernisme et l'âpreté des rivalités fait voir 27 fuseaux gris qui sous forme de torpilleurs, gardent ces trésors en somnolant sur l'onde tranquille.

Sur les quais construits depuis peu, s'entassent des marchandises qui devraient être plus nombreuses, cuirs, peaux, bois, fromages et châtaignes, mais les grèves des matelots français font autant de mal à la Corse que l'indolence des indigènes et l'incurie gouvernementale.

Selon la tradition, la ville aurait été

fondée par Ajax. Mais les Corses actuels n'ont rien gardé du célèbre guerrier sous le rapport de la beauté. Peut-être tiennent-ils de lui la carrure et la taille. En tous cas, nous ne rencontrons pas de types d'individus bien définis.

Les rues d'Ajaccio sont animées. Au reste la ville se développe chaque jour. Non loin de la Citadelle, qui date de 1554, et qui ne protégerait plus le port, se côtoient deux villes distinctes, la ville vieille et la ville neuve. Les rues y sont plus larges qu'à Corte et qu'à Bastia et l'on y ressent moins les odeurs pestilentielles des villes du midi ou de la Marina de Napoli. Dans le quartier neuf, le confort moderne a édifié de splendides villas au milieu de jardins fleuris. Les rues sont plantées d'orangers. Une avenue s'offre même le luxe de jolis palmiers dont l'ombre est très appréciée sous le soleil éclatant.

Dans la rue principale, une église en style jésuite est privée de façade architecturale. Il est vrai qu'en dépit des efforts des habitants, Ajaccio ne possède point de monument intéressant ni artistique. La ville, il nous semble, possède un assez joli cadre dans sa végétation, sa baie et ses environs sans avoir besoin de s'enlaidir de statues et de colonnes commémoratives sous prétexte de s'embellir.

Parmi les magasins et les boutiques, nous gagnons le jardin Casone, vers l'entrée de la baie. Ce jardin qui n'est qu'un vaste espace couvert de plantes sauvages et où broutent les moutons, renferme la grotte où Napoléon enfant, venait se réfugier. Trop délaissé ce petit coin pittoresque, parmi les cactus et les figuiers de Barbarie. Tout près, la mer indolente vient lécher le rivage et reflète le bleu limpide du ciel. Tournant le dos au cimetière du Scudo caché dans la verdure et les fleurs, à la pointe de la Parata qui tout rouge se dresse face aux Sanguinaires, nous regagnons Ajaccio en longeant la mer.

Tandis que des camarades se livrent à une mimique fort amusante vis-à-vis d'un berger qui refuse de laisser prendre des photographies de son troupeau, d'autres se livrent à la pêche des crevettes dans les rochers. Le soleil offre le spectacle toujours intéressant d'un chatoiement de couleurs alors qu'il se couche par-delà les Sanguinaires. Nous admirons avec plaisir les jeux de lumière puis nous entrons dans les jardins de l'Ecole Normale d'Instituteurs où le meilleur accueil nous est fait.

Bientôt nous nous retrouvons sur la Place Diamant où s'élève un monument complexe édifié à la mémoire de l Empereur et de ses quatre frères.

Nous ne saurions oublier qu'Ajaccio est la patrie de Napoléon. Aussi, nous faisons le pélerinage à la maison historique qui l'a vu naître, sur la petite place Laetitia. Le mobilier, comme la construction, est simple. On y voit le canapé sur lequel naquit le futur Empereur, la chaise à porteurs de sa mère, une crèche qu'il rapporta d'Egypte Mais la visite est banale et ne nous pénètre point de ces impressions que l'on ressent au Tombeau des Invalides.

Sur la place du Marché, une inévitable statue de l'Empereur domine la fontaine.

L'Hôtel-de-Ville, petit mais bien planté, face à la baie, renferme dans une vitrine des objets ayant appartenu à l'Empereur. Nous voyons des armes, les manteaux de cour aux fameuses abeilles d'or, des statuettes, des peintures qui rappellent les multiples souvenirs de la grande épopée.

Sur les toits de l'édifice, au-dessus d'une charmante salle de spectacle, une terrasse qui nous permet de jeter un coup d'œil sur la ville et la baie. L'en-

semble est des plus agréable et des plus
reposant. Ajaccio et Naples nous laisse-
ront de bons souvenirs.

Nous nous promenons sur les quais
et l'arrivée d'un vapeur qui vient de
France nous amène à assister ac débar-
quement des passagers. Au même moment le vapeur qui va de Corse vers la
Métropole prend le large. De suite nous
comparons et nous discutons. La traversée de Livourne à Bastia nous a in-
téressé davantage, nous, terriens, aux
choses de la mer et il ne nous déplairait
point que la mer fût calme et le bateau
propre et b'en ponté quand, à notre tour
demain, à 4 heures, nous nous confle-
rons à la Grande Bleue.

Le cœur gonflé d'espoir, nous allons
à l'hôtel faire notre toilette puis nous
errons en quête d'acquisitions à titre de
souvenirs. Une boutique est garnie de
terribles poignards. Après achat, ô désillusion, nos camarades remarquent que
ces produits de l'industrie corse vendus
1 fr. 80, viennent d'un grand bazar de
Paris !! On en rira longtemps.

Un tour chez le photographe pour re-
charger nos appareils, puis, réunion du
groupe autour de la table. On dîne de
bon appétit, selon la formule consacrée
et la tradition respectée de la jeunesse

aussi avide de se garnir l'estomac de mets bien présentés que de meubler sa mémoire de faits nouveaux.

Le repas terminé, nous nous livrons à une petite promenade au bord de la mer puis, chacun va se reposer.

— **X** —

COLONIE DE CASTELLUCCIO

D'Ajaccio, le touriste peut rayonner et excursionner à plaisir. Par la route postale il peut se rendre à *Sagone* endormie au fond de la baie puis de là, par une corniche hérissée de roches volcaniques qui rougeoient sous le soleil de la Provence, traverser les *Calanques de la Piana*. Poussant plus loin il descendrait au petit port de *Porto*, d'où il gagnerait *Evisa* et les *Gouffres de la Spelunca*. Mais nous n'avons point le temps de visiter ces contrées bouleversées par la nature, mélanges de déserts de pierre et de chaos monstrueux accrochés aux pentes des montagnes sous la lumière éclatante des levers et des couchers de soleil. Nous laisserons de côté l'Incudine, Sartène, Bonifacio. Car il nous faut regagner nos demeures: Nous allons donc assister à une véritable leçon de choses, une causerie intime des plus intéressantes sur le présent et l'avenir de la Corse. Tandis que dans le pénitencier de Castellucio nous visiterons les cultures possibles dans l'île.

Dès 6 heures 15 du matin nous sautons hors du lit. Le soleil est radieux, point de vent. La promenade sera jolie et ce soir la traversée de la Méditerranée nous sera favorable. Sept kilomètres à pied ne sont rien pour des cultivateurs habitués à des marches nombreuses sur le sol qu'ils préparent.

Mais la route s'élève en lacets, traverse des ravins et des vallées pour s'arrêter au pénitencier construit à 250 mètres d'altitude. L'air y est très pur et très sain, la vue s'étend magnifique sur la baie et la ville d'Ajaccio, jusqu'aux montagnes qui ferment l'horizon.

Le chemin poudreux est vite parcouru et nous voici sur les domaines de l'Etat où le soleil réchauffe le sol presque toute la journée. Nous traversons une belle forêt de chênes verts dont l'ombre bienfaisante est fort appréciée par les voyageurs. De là, nous passons dans un joli vignoble puis dans les cultures en terrasses. La Colonie possède 300 hectares de terres ainsi réparties : 85 hectares de vignes, 5 de jardins et bâtiments, 20 de prairies, 10 hectares d'amandiers, 120 de

pâturages et 100 de maquis. Une moyenne
de 210 détenus travaillent sur cette exploitation. Quoique la discipline soit
sévère, les détenus se trouvent heureux,
ils nous le déclarent de bon cœur. La
nourriture est bonne et le travail exigé
n'est pas aussi pénible que celui donné
à nos ouvriers. De plus les condamnés
ont de grandes facilités pour obtenir une
libération rapide.

Le vignoble repose sur un sol formé
des produits de la démolition du granit
par les agents naturels. Il comprend de
nombreux cépages du Midi, Mocastel,
Mourvedre, Cinsault ; les vignes de Clai-
rette donnent seules du vin blanc. Depuis quelque temps l'administration a
introduit des cépages de Bourgogne
(Gamay), du Malvoisie, du Roussillon.
Mais la production est faible et diminue
de jour en jour (30 hectolitres à l'hectare)
car le phylloxéra exerce ses ravages. Les
caves comme les celliers sont très bien
installés. Nous remarquons un système
de pressoir dont l'agent de pression est
un losange vertical déformable. Le chef
des cultures nous fait goûter les vins. Ils
sont corsés, chauds et capiteux au dire
de nos collègues du Centre.

Un coup d'œil aux cuisines. Les mets
sont si appétissants que l'un de nos prin-

cipaux directeurs goûte à la soupe. Les
ustensiles sont plus propres que ceux
de nos casernes. Et l'avis général est
celui-ci : « Le pénitencier est plutôt un
lieu de bien-être qu'une maison de puni-
tion et il existe foule d'ouvriers pour qui
ce milieu serait un paradis inespéré. »

Des magasins, nous nous rendons
dans les cultures. Les terrasses portent
des alignements d'orangers et de citron-
niers sous lesquels croissent des légu-
niers. Nous avons le plaisir de cueillir et
de déguster des oranges bien mûres. La
récolte en sera maigre car la fumagine
cause de nombreux dégâts dans la région.

Nous descendons dans la vallée, parmi
les anciens bâtiments du pénitencier. Là,
travaillent les détenus sous le costume
de bergers, vachers, charretiers et mule-
tiers. Et tandis que nous entourons le
professeur d'Agriculture, les voitures qui
doivent nous ramener à Ajaccio apparaissent à l'horizon.

D'une humeur et d'une serviabilité à
toute épreuve, M. Massimi nous indique
les remèdes à l'état de la Corse.

On l'a trop délaissée et pourtant c'est
une petite France car on y retrouve la
Bretagne avec ses falaises, la Bourgogne avec ses vignobles, la Picardie avec

ses champs de blé, la Provence avec ses riches productions hivernales.

Et l'émigration et la politique achèvent de ruiner l'Ile Verte. Il faudrait agir sur les enfants, parce que plus malléables, en leur inculquant l'amour du travail du sol. Sans doute l'indivision, la vie en clans seront des difficultés, mais non insurmontables. Il faudrait écarter la politique, écarter les grèves maritimes, mettre en valeur les mines de marbre, de cuivre et d'argent. La Corse a une grande aptitude à donner des fruits, du bois, du bétail. Paris et la Côte d'Azur sont des clients assurés pour ces produits.

Les voies de communication font défaut, les steamers y ont des escales trop rares.

Tout comme la Tunisie, la Corse devrait se voir protéger dans son commerce, sa culture et ses industries par des tarifs suffisants. Mais aussi que de qualités en ce moment nous devrions, par échange, emprunter au Corse. Nous devrions avoir un peu plus de son esprit de liberté et d'indépendance, de son amour du galon gagné par le mérite et non par lâcheté et complaisance.

Et depuis que nous avons quitté l'Ile des Bandits de l'honneur, nous n'en avons jamais été mieux persuadés. Si les Corses pêchent par excès, nous souffrons du défaut de volonté d'agir.

Les chevaux piaffent. Nous prenons place dans nos équipages et nous filons vers Ajaccio. Une dernière fois nous traversons les maquis, les cistes blancs et roses.

Puis nous jetons un coup d'œil sur les fondations d'une Ecole pratique d'Agriculture dont on attend beaucoup pour l'avenir de l'île.

Nous déjeunons puis nous fermons nos valises. Bientôt une brouette est chargée avec art du poids de nos colis et un garçon d'hôtel, une volumineuse boîte de botaniste au dos, se met en devoir de traîner l'édifice vacillant vers le quai d'embarquement.

Nous suivons religieusement. Aurions-nous abandonné tout espoir de résister au mal de mer ? La caravane, ordinairement fort tumultueuse, est devenue bien calme. La navigation sur le *Cypro*, a été le commencement de la sagesse et l'on se trouvait si bien sur le sol corse !!

Pourtant, la mer est belle, le soleil clair, le ciel bleu comme les flots. Nous voici près du bateau qui se balance mollement tandis qu'il déverse des volutes de fumée de plus en plus noire. Nous montons sur le pont. Le bateau est en-

combré d'individus. Aussi, croyons-
nous que tous sont des passagers et qu'il
est prudent de choisir ses cabines et ses
couchettes. Mais ce sont des parents et
amis, des badauds qui viennent s'inté-
resser au départ du courrier de France.

Le hasard me conduit dans le meilleur logis à bord, le salon des dames. Les
10 couchettes sont prises d'assaut. Je
me suis renseigné. La meilleure est la
plus haute, dans le sens du petit axe du
bateau. La position est bonne pour lutter
contre le tangage. Les bagages déposés,
nous remontons sur le pont. On achève
de combler les cales avec des marchandises.

4 heures 15. — La cloche sonne la retraite des badauds.Le pont se débarrasse
des importuns, on ferme les soutes, on
replie les échelles et on détache les
amarres.

4 heures ½. — Un coup de sifflet du
capitaine ordonne le départ. La sirène
mugit, les treuils halent les ancres puis
les machines grondent. Nous quittons la
Corse.

La baie s'élargit, notre vitesse augmente et bientôt nous avons doublé la
Citadelle. L'étrave du steamer fend les
flots bleus et les petites vagues blanches
qui vont mourir sur la côte. Déjà voici

la Parata, à l'extrémité des jardins fleuris qui cachent le cimetière, et, à l'horizon, se dressent comme rougies du sang le plus chaud, les Iles Sanguinaires.

La traversée de la baie a retenu presque tout le monde sur le pont. Seuls, deux ou trois timides se sont blottis dans leurs couchettes. Et pourtant, quel joli panorama ils auraient eu sous les yeux !

Des rochers de la côte arrive à tire d'aile une volée de mouettes. Ces charmants oiseaux, au vol berceur et rythmé nous accompagneront longtemps. C'est un présage de beau temps.

A mesure que nous gagnons le large, la mer devient plus unie. Les côtes de la Corse s'estompent petit à petit dans une atmosphère de poussière bleue. Nous nous rapprochons de la France, salués du cri perçant des mouettes blanches qui se dandinent sur les eaux tantôt nonchalantes, tantôt irritées, qui ceignent les rochers d'un bandeau d'argent.

A quitter ce joli pays que d'aucuns veulent, non sans raison, « la plus charmante, la plus enchanteresse, la plus pittoresque, la plus riante, la plus séduisante, la plus voluptueuse des îles qui soient », nous nous reprenons à penser avec mélancolie à ces mots de du Saussaie : « O Corse, île enchantée, île mer-

« veilleuse, pourquoi te contenter d'a-
« voir produit ce monstre de gloire qui
« s'appelle Napoléon ? Pourquoi, depuis
« que tu as accouché de ce prodige épou-
« vantable, demeurer inerte et comme
« épuisée ? »

Peut-être que « si la Corse était peuplée d'Américains, d'Anglais ou d'Allemands, elle recevrait la visite de quinze
transatlantiques par jour et ces transatlantiques quitteraient les ports remplis
de productions de toutes sortes ? »

Nous traversons le petit archipel des
Sanguinaires, gros îlots rocheux., sépa-
rés par d'étroits passages où la mer s'en-
gouffre et rejaillit en nappes écumeuses.
Le rocher est nu et aride. Des phares indiquent la route aux vaisseaux.

—X—

VERS MARSEILLE

Les machines ronflent maintenant de
toute leur puissance mais avec leur ba-
lancement monotone et régulier. Le bateau glisse sur l'onde sans trop nous
secouer. Aussi *Le Cyrnos* a-t-il toutes
nos préférences quand nous le comparons au *Cypro*. La Compagnie française
soigne très bien ses passagers et la pro-

preté est de riguqeur sur ses bâtiments.
Nous nous sentons le pied marin, pour
une fois. Tous se font inscrire au dîner
qui a lieu en deux services, à 6 heures
et à 7 heures.

Les passagers s'abandonnent à la
gaieté, eux qui étaient d'une tristesse
pitoyable sur le *Cypro*. Ils oublieraient
presque le repas si la cloche ne les ap-
pelait dans la salle à manger.

Nous avons perdu de vue la Corse ; le
soleil s'est couché en laissant une teinte
rouge, cuivrée, sur le ciel à l'endroit où
il a paru disparaître derrière les flots.
Mais comme le paysage ne change point
déjà la traversée devient monotone. Pour
se distraire, M. D.... essaie de prendre
des mouettes à l'aide d'un grand cor-
deau. Les oiseaux et les poissons se par-
tagent les appâts sans jamais se laisser
prendre à l'hameçon.

Un léger tangage se fait sentir et quelques militaires ressentent les atteintes
du mal de mer. Les convives du premier
service remontent sur le pont, le visage
réjoui, l'estomac satisfait. A notre tour,
nous prenons place à table et dînons de
bon cœur. Mais il est désagréable de se
sentir osciller sur les fauteuils de roulis.

L'air frais, le dessert terminé, nous
incite à nous livrer à une promenade

nocturne sur le pont. Sur les bancs, quelques malheureux voyageurs luttent contre le mal de mer par la position horizontale et l'exposition au vent très vif. D'autres dorment d'un profond sommeil. Assis à l'arrière du vaisseau, à l'abri des cabines de 1ʳᵉ classe, nous nous laissons un instant bercer au clapotis des vagues. Dans la nuit, bien loin, un petit point brillant qui est la lumière d'un phare, indique les côtes de Corse qui se font de plus en plus lointaines.

Le quart de neuf heures est sonné. Je descends dans notre cabine. Bientôt je suis étendu dans mon étroite couchette, derrière le rideau tiré. J'essaie d'attirer le sommeil en fermant les yeux. Mais deux Marseillais, deux véritables enfants du Midi qui nous ont égayé pendant le repas, continuent leurs réflexions avec l'accent que chacun leur reconnaît : « Té, Domenèque, le roi se couche. » — « Te, Mariuss, retire tes chaussettes, au moins. » Marius a une verve intarissable, excitée par les vins généreux du bord. Et chaque fois qu'il a annoncé qu'il va dormir, il retrouve en sa cervelle une nouvelle galejade qui nous a beaucoup amusé.

Cependant le silence s'établit et je dors comme si j'étais chez moi, dans mon lit. Bientôt je suis réveillé par les cris de deux bébés que leur mère malade, ne peut soigner, trop occupée d'elle-même par le mal de mer.

Vers 4 heures du matin, le mécanicien se met à réparer ses machines à grand renfort de coups de marteau.

Nous sommes en face des îles d'Hyères, me dit le garçon de service qui vient souvent et avec un zèle discret offrir ses services aux passagers.

Par le hublot qui est à mes pieds, j'apperçois la côte blanche et aride. Un léger brouillard plane sur la mer. J'entrouve mon étroite fenêtre. L'air vif vient me fouetter au visage et détendre mes muscles engourdis.

A 5 heures, le lavage du pont commence. J'entends l'eau courir sur les ponts puis sous les bras vigoureux des matelots, les brosses et les balais commencent une musique énergique et effrénée. Si ce n'était ce vacarme, je dormirais bien encore un peu.

La baie de Marseille est signalée. Je me lève et je monte sur le pont pour jouir du coup d'œil de l'arrivée en rade.

Dans la salle à manger que je traverse pour gagner les escaliers, je vois (Marius, voile-toi la face), Dominique qui recule devant une tasse de café et ce « en face de Marseille ». Marius en est hors de lui. Que vont dire les Parisiens ?

Une promenade matinale fait du bien. Elle se complète ordinairement d'un déjeuner. Hélas, par prudence, je m'abstiens du complément. Je pense pouvoir me réconforter une fois à terre.

Déjà nous apercevons le *Château d'If*, sur son rocher blanc et aussi *Notre-Dame de la Garde*, sur sa colline blanche. Blanches, les voiles des barques de pêche, et blanches les ailes des mouettes. Toute cette symphonie en blanc tranche sur la mer bleue dont l'azur va se foncer avec l'accroissement de lumière. Il nous semble que le bateau va plus vite de l'avant. C'est que nous avons des points de repère pour noter la vitesse. Nous croisons de grands transatlantiques qui partent pour l'Orient. Nous entrons dans le port. Un petit temps d'arrêt pour accomplir les formalités d'usage. La visite sanitaire est effectuée, nous accostons. Cette manœuvre est longue et fastidieuse. On avance, on recule, on aborde, on vire.

Bref, une bonne demi-heure se passe avant que nous puissions mettre le pied sur le sol de Marseille. La joie est vive dans la caravane. On avait plaisir à voyager à l'étranger, on est heureux de revoir sa patrie. Et puis il y avait.... la mer.

MARSEILLE

Lundi.

Sous la conduite de l'aimable M. B...,
qui veut bien nous piloter pendant deux
jours, nous pénétrons dans les bâtiments de la Douane.

Nous sentons de suite que nous avons
touché le sol français. « Uniformes, gens
décorés, formalités, intervention », sont
là pour nous le rappeler si nous l'avions
oublié. Quelques boîtes de cigares italiens (exécrables, du reste), obtiennent
la permission de pénétrer en franchise.

Barnum nous fait ses adieux. Nous le
remercions de son amabilité qu'il va
prodiguer à une autre caravane dans les
frimas du Cap Nord.

Un voiturier s'empare des bagages,
tandis que le cœur plus calme, l'estomac
mieux dispos, nous nous attablons autour d'un petit déjeuner. La visite de
Marseille commence ensuite, des plus intéressantes : si l'on en juge par les environs du port, par la longueur des quais,
par les dépôts de marchandises, par le
genre de véhicules, par le costume des
passants, Marseille est une ville de
grand commerce, un vaste entrepôt dont
les habitants sont doués d'une activité
considérable. En effet, nous sommes

frappés par le va-et-vient incessant des véhicules, chariots et fardiers, par le remue-ménage des chantiers. Grains et vins, peaux et cuirs, balles et caisses s'entassent sur les camions.

Peu ou pas de voitures de luxe en ces grandes artères qui partent du port. Mais en celui-ci, dans la rade, c'est le morne silence, le repos. Car la grève des dockers empêche tout travail. Aussi quelle désillusion pour nous qui ne voyons que treuils au repos, bateaux endormis et magasins fermés.

M. B.... membre de la Chambre de Commerce, nous fait parcourir les quais et les docks. Quel outillage merveilleux, que ces machines hydrauliques, pompes, treuils, élévateurs, bascules automatiques qui chargent ou déchargent avec rapidité les cargaisons les plus variées. Nous assistons au déchargement d'un steamer qui porte 5.000 tonnes de blé. Le blé est plutôt maigre et sale. Ensaché et pesé avec régularité, le blé se transporte dans la voiture à l'aide d'un plan incliné mû électriquement.

Tout près de là, des ouvriers sont occupés à passer au crible les arachides (les cacaoytes), dont les tas coniques s'élèvent à une hauteur de 10 mètres sous le jet des pompes ; à l'aide de pa-

niers en jonc ils les ensachent avec agi-
lité.

Dans les hangars où pénètrent les
voies ferrées, sont accumulés les produits les plus variés, riz, café, sel, sucre,
engrais, maïs, etc., etc. Plus loin, des
entassements de sacs de sésame, des barils d'huile, des tonneaux de vin, des
pyramides de cuirs et de peaux.

Nous quittons le port. Au dehors, dans
les bars exotiques et cosmopolites qui
forment les deux côtés des rues, devant
les portes, sous les devantures aux ins-
criptions anglaises, des dockers en grève
discutent avec violence. Ils ont tous des
visages peu sympathiques et nous regar-
dent défiler d'un œil farouche. Pendant
qu'ils ruinent le commerce et l'agriculture de la France et de ses colonies,
Gênes grandit et prospère.

Aux bars succèdent maintenant des
magasins particuliers. Puis on atteint le
nouveau port auprès duquel est établie
l'usine de force hydraulique de la Chambre de Commerce.

L'une des plus puissantes de la France,
cette Société fait creuser et agrandir le
port ; elle se charge de lui fournir de la
force motrice et de l'éclairage électrique.
La salle des machines est spacieuse,
bien organisée. L'installation, dictée par

les besoins du port, est des mieux com-
binées. Nous y voyons des machines
douées d'un mouvement périodique assez curieux. Chaque fois que la pression
hydraulique est employée par un moyen
quelconque, il y a déperdition d'eau
dans les réservoirs. Immédiatement, les
machines se mettent en mouvement
pour rétablir le niveau primitif.

Nous remontons en voiture et nous
poursuivons notre route vers l'Estaque.
Nous croisons de grandes bandes de
moutons algériens et tunisiens qui vont
du navire à l'Abattoir. Le spectacle est
curieux et ce courant laineux est inter-
minable. Les moutons sont bariolés de
marques bleues, rouges et vertes qui
leur couvrent le dos de façon choquante.

Nous nous disposons à visiter les cales
de radoub. Malheureusement il n'y a
point de bateau à sec. Nous ne pouvons
que contempler le spectacle banal de
peintres ou de calfats qui grattent les
coques et les flancs des grands steamers.
Plus intéressant le chargement du charbon qui se fait à l'aide de deux ou trois
chalands à la fois, avec une rapidité pro-
digieuse. Le paquebot emplit ses soutes
du précieux combustible dont il dévore
des masses énormes.

Si la grève, favorisée par le gouvernement ne venait entraver l'essor du commerce et paralyser les efforts de l'industrie, Marseille serait aussi puissante qu'Anvers. Tous les jours le port s'agrandit. Les quais deviennent insuffisants et nous voyons raser une colline entière pour créer des bassins et construire des jetées nouvelles.

L'équipage accélère l'allure. Nous roulons au pied des collines ayant à notre gauche la mer bleue, à droite les cabanons des Marseillais.

Les cabanons sont de petits vide-bouteille. Chacun tient à honneur d'en posséder un qu'il baptise d'un nom pompeux ou baroque. Nous passons près de grandes briqueteries bâties près des carrières. L'argile est exploitée en galeries ou par plans inclinés à ciel ouvert. Voici l'Estaque avec ses collines rocheuses que surmontent des usines accrochées à toutes les aspérités. Ce sont des usines de produits chimiques dont les déchets et les eaux résiduelles ont coloré et changé l'aspect des roches. Par une suite d'escaliers nous montons au sommet du coteau et demandons à visiter. Un contremaître se met à notre disposition. Nous assistons au traitement des phosphates (du Rio-Tinto, du Tenès. d'Algérie), à la fabrication de l'acide chlorhydrique, de l'acide sulfurique, de la soude, du sulfate de soude, du sulfate de cuivre. L'usine, bien que très vaste, offre un aspect délabré. On a construit par pièces en ajoutant des constructions selon les besoins. Et les poussières et les acides ont attaqué les matériaux et leur ont donné une teinte noire et triste.

A nouveau, nous remontons dans notre voiture et notre équipage suant, soufflant, nous conduit au bas des jardins du Restaurant de la Falaise, à l'Estaque. M. Barthelet a bien fait les choses. La table a été dressée sur une grande terrasse, à l'abri du vent, en face de la mer. Nous pouvons suivre l'entrée et la sortie des vaisseaux et savourer les plats du Midi tout en contemplant le golfe. Mais le temps s'assombrit. Aurons-nous la pluie ? Va-t-il falloir s'enfermer dans une salle ? Personne ne veut reculer. S'il pleut, on mangera quand même sur la terrasse. De l'avis commun, le menu était superbe ; les plats délicieux. Et nous, les gens du Nord, nous fîmes nos délices de ces mets traditionnels de Marseille.

Coquillages du Golfe.
Soupe de poissons de Seon
Paquets de Maurepiane.
Volailles rôties de l'Estaque.
Petits pois de la Falaise.

Bombe de la Corbière.
Brousse de Rove

Le tout arrosé de bons vins du Midi, vin blanc de Cassis, vin rouge de la Nerthe. Ni le piment. ni le safran ne nous effrayèrent. On nous jugea presque dignes d'être Marseillais. Mais tout a une fin, même les meilleurs repas et l'omnibus venait nous chercher à deux heures pour nous ramener vers le centre de Marseille. On nous dépose aux Abattoirs. Ce sont de belles constructions larges, hautes, propres toutes neuves et qui viennent d'être construites avec le plus grand souci de l'hygiène. L'air y circule parfaitement et on n'y respire pas ces odeurs de sang et de chair qui vous suffoquent à la Villette. Les pavillons sont tous isolés. Une visite à l'intérieur des bâtiments achève de nous édifier. L'agencement et la propreté vont de pair.

Le vétérinaire inspecteur nous conduit à son laboratoire. Jolie salle, très propre, qui renferme toute une collection de moulages de tares et de déformations exécutées par le vétérinaire. Nous y voyons des documents fort intéressants au point de vue pathologique.

Nous allons assister à l'arrivée des moutons algériens et au tri des bêtes par les agents de commerce.

13*

On nous montre un pavillon où l'on détruit par le procédé Girard les déchets de l'abattoir et les viandes avariées. L'opération se fait dans trois bacs en plomb. En 18 heures, tout est désagrégé par l'acide sulfurique. Seule, la graisse surnage. Le liquide est vendu à des cultivateurs qui le traitent par du phosphate naturel, et obtiennent ainsi un engrais précieux.

Nous allons visiter un moulin, jolie construction toute récente en ciment armé, édifiée sur l'emplacement d'un moulin brûlé par un régisseur peu honnête. La minoterie Bavante est une curiosité à tous les points de vue. Et bien qu'elle ne fonctionne que depuis 4 mois, elle est déjà célèbre. Elle a plusieurs étages tous bien disposés et bien isolés. Les appareils, les mieux perfectionnés qu'on peut trouver, sont d'une propreté merveilleuse. Un système particulier permet de conjurer instantanément toute cause d'incendie.

Le blé subit 40 passages avant de donner une farine blanche. On travaille 1.200 sacs par jour et 6 hommes suffisent à la surveillance et à la manutention. Les machines à vapeur, de construction italienne, sont paraît-il très économiques. L'eau employée est épuisée

automatiquement à la chaux, à la soude
et au fer. Nous voyons d'énormes silos
qui doivent contenir tout l'approvisionne-
ment du moulin. Ils sont aussi en ciment
armé renforcé par des câbles. Nous prenons congé du gérant qui s'est montré
très aimable pour nous et nous poursuivons la promenade. Comme il se fait tard
pour visiter la brasserie, nous rentrons à
l'hôtel. Chacun profite du moment de
liberté qui reste avant de dîner pour
faire sa toilette. Nous n'avons pu la faire
à bord.

Au dîner, les professeurs Berthault,
de Grignon, et Moussu, d'Alfort, nous
quittent. Ils ont besoin d'être à Paris
demain matin.

Après le repas, on va se promener de
droite et de gauche. Beaucoup de Grignonnais se retrouvent à l'Olympia ou
sur la Cannebière. « Té, elle est si
grande ».

Nous rencontrons à point un vieux
Grignonnais : Nous ne reconnaissions
plus notre hôtel.

28 Avril 1903.

Dès 7 heures, nous sommes debout.

L'omnibus vient nous reprendre. Cette
fois on a mis trois chevaux, l'attelage
d'hier ne suffisait pas à transporter les

Grignonnais et leur science. On nous dépose au bas du funiculaire de la Garde. Nous montons à la basilique pour jouir du panorama qui est merveilleux. Nous dominons Marseille et son port. Le château d'If, les îles, les côtes se détachent avec une blancheur éclatante sur une grande nappe bleue. Nous courons aux quatre coins de la terrasse pour jouir plus complètement du coup d'œil.

Quant à la basilique elle est ornée, plutôt couverte d'ex-voto.

De là, nous gagnerons l'huilerie Derminck où nous assistons à l'extraction de l'huile des graines de sesame. Puis nous allons jouir d'un autre panorama de Marseille en parcourant le Pharo. De là, on domine le vieux Port.

L'omnibus nous promène sur la corniche bordée de villas superbes.

Nous entrons au Laboratoire de Zoologie maritime.

Enfin on nous débarque au restaurant de la Réserve où M. Barthelet, de la Chambre de Commerce de Marseille, nous offre un déjeuner tout à fait splendide. Nous goûtons les plats du pays :

Bouillabaisse Marseillaise
Canetons Faria
Aloyau Monte-Christo.

Salade.
Desserts, Fruits.
Vins cassis blanc. — Ch. Laval.
Liqueurs.

Mme Barthelet assistait au banquet. On déjeuna avec un appétit parfait et les mets furent soumis à de dures épreuves. Après les toasts on fit un groupe sympathique que l'on photographia. Le café fut pris sur la terrasse d'ou la vue est de toute beauté.

On acheva la journée par une promenade au parc Borely, au Prado. à Longchamps. Puis chacun fut libre. On fit ses paquets. L'heure du dîner survint puis l'heure du départ.

A 8 heures 46 non sans difficultés, nous prenions place dans le rapide de Paris. Nous arrivions à 10 h. 30 dans la grande ville.

CONCLUSION

Tout a une fin, même les jolis voyages en pays étrangers. Malgré la fatigue extrême qui s'appesantit sur nous, d'autant plus lourde à supporter que l'attrait du nouveau a disparu et qu'il va falloir se remettre au travail, nos esprits se prennent à comparer. N'aurions-nous pas pu sans quitter la France, voir des climats aussi différents, une nature aussi variée, des monuments aussi grandioses, des ruines aussi tristes, une agriculture aussi désolée ou également prospère ? Oui, peut-être ?

Car la Provence, avec les Maquis des Maures, les chaudes calanques de l'Esterel, les rivages bordés de turquoise où chacun jouit de la joie de vivre dans le dolce farniente, n'est-ce pas Naples ou Ajaccio ?

La Savoie casquée de neige, blindée de glace, les calcaires du Vercors et du Devoluy nous rappellent le Gothard où l'industrie du paysan dispute sa vie à l'aridité du roc.

Les Cévennes âpres et rudes, où les mœurs sont encore naïves et frustes, c'est Vizzavone et le Monte-d'Or, la Castagniaccia.

La Bretagne mystérieuse, bosselée, endolorie, c'est toute la Corse.

Fougueux, menaçant les vignobles qu'il aide à vivre, le Rhône bondit vers la mer nonchalante, tandis que le Pô exhausse son lit au-dessus des plaines qu'il irrigue.

Les sapinières en gradins du Jura, les

cluses parmi les falaises blanches, c'est l'Appenin et ses ravins dans le mur de marbre.

Le Nivernais, où ruminent placidement les grands bœufs blancs, qui bientôt quitteront les grasses pâtures pour le joug du betteravier, c'est la plaine Lombarde opulente.

L'Auvergne convulsée et tordue sous la flamme, ses lacs enchassés dans les cratères éteints, c'est le Latium Romain, la plaine du feu, le champ maudit.

Et si nous avions traversé Arles, Nîmes, Avignon, voire la Bourgogne, nous eussions retrouvé des constructions romaines dont l'ampleur et la beauté ne le cédaient pas à celles de l'Italie.

Mais nous avons pu voir combien sont variés les moyens des hommes pour dompter la nature et vivre de la terre, la bonne mère nourrice qui jamais ne refuse rien.

Charles GIRAUT.

I. A.

—✗—

TABLE DES MATIÈRES.

Châlons. imp. Martin frères.